認知 集客 販売
この１冊で全てがわかる

インスタ大全

大久保舞

みらい PUBLISHING

社会不適合者が女社長に。Instagram の真のチカラ

Instagram についてこんなことで悩んでいませんか？

◆ＳＮＳの可能性は分かっているが、どこから手をつけていいか分からない

◆日々、投稿はしているが反応がもらえず、義務的になって辛い

◆フォロワーが増えず、集客にも繋がらない

「フォロワーを増やしたい！」「売上アップしたい‼」という方に、具体的にどうすべきなのかをお伝えしたいと思い、この本を書かせていただきました。

Part 1 では Instagram の可能性についてお話ししたいと思います。

私は Instagram を「デジタル名刺」と呼んでいます。ほかにも集客やＰＲ、出会いなど、どんな活用ができるかご紹介します。

Part 2 では、「ＰＲ案件」についてお話ししたいと思います。

ＰＲ案件とは、食事の招待や、コスメ、洋服、靴、家具、家電、絵本、おもちゃ、クルージング、ホテル宿泊、ツアーなど、企業から提供された商品の良さを写真や文章、動画などでフォロワーさんに伝えるお仕事です。

受講生さんに好評の私の「１ｄａｙ ＰＲ案件講座」の内容もギュギュッと盛

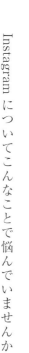

り込んでいます。

Part 3ではInstagramで集客や売上を上げる方法についてお伝えします。今は競合相手がたくさんいる時代。「ただ」投稿しているだけでは企業からもユーザーからも選ばれません。ではどうすれば、選んでいただけるアカウントにすることができるのかを深掘りしていますので、すぐに集客や売上アップを目指したい方はPart 3から読んでいただくのがおすすめです。

Part 4ではファンを増やすInstagramの運用方法についてお話しします。SNSで大事なのがファンを作ることです。例えばこんな方々のことをファンと呼んでいます。

◆ストーリーズをアップしたらすぐに見てくれる
◆投稿をしたらすぐにいいねをしてくれる
◆ライブをしたら遊びにきてくれる
◆イベントを開催したら足を運んでくれる

「欲しいけどどうやって作ったらいいか分からない……」という方に向けて書かせていただきました。ぜひ覗いてくださいね♪

Part 5では、ここ1年で私や生徒さんが体験したInstagramのすごすぎるお話を盛り込みました。生徒さんの成果を少しお見せすると……

◆セミナーで伝えた内容を実践したところ、フォロワーが6倍になった
◆5ヶ月で100以上の企業からPR案件のオファーが来た
◆人生最高月商の200万円を達成した

このような嬉しいご報告をいただくたびに、Instagram の魅力を伝える仕事を選んでよかったと思います。

Instagram で成果が出せたのは私や生徒さんたちが特別だったからではありません。ちゃんと正しいやり方でやれば、誰だって結果を出せるんです。今ではすごい成果を出している生徒さんたちも、元々は頑張っても結果が出ずに悩んでいた方たちでした。

あなたにもできます！　この先を読み進めていただき、行動に移していただけると嬉しいです。

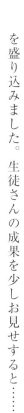

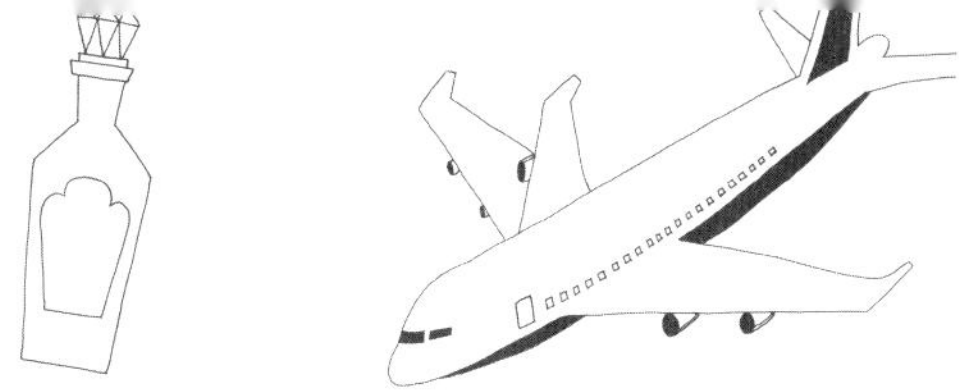

願いをどんどん惹き寄せるインスタの魔法

私はミナ。コーチングの仕事をしつつ最近ハンドメイド作家もはじめたところ
つくるの楽しい♡
だけど集客は苦手
はー
インスタやらなきゃ…何書こうかな…
SNS集客を習い
アクセならインスタが向いてるよ
そうなんだ
テーマごとにアカウントは分けて…
投稿のしかたは…
コーチングとハンドメイドはアカウント分けるのか…
習ったもののあんまり反応ないしインスタつまんない…
けど、やんなきゃなー…
ハァ…
コーチングはAさんの投稿をハンドメイドはBさんの投稿を参考にしてーそれぞれのアカウントにノウハウ載せてー
コーチング
ハンドメイド
ピ
これでよしっと!
そこに愛はあるの!?
え!?!?

だれ!?
フフフ…
インスタオタクの大久保舞よ
インスタのことなら任せて♡
バーーーン!!
えーー!!
インスタで見たことある!!
あの…「愛はあるの?」ってどういう意味…
その前に…
スッ
スッ
あなた、インスタでこんなことやってない?
☑自分が言いたいことだけを書いている
☑プロフィールがわかりにくい
☑アイコンがロゴ
☑名前がよくわからない
☑本文にURLが入ってる
☑ノウハウだけを語っている
☑顔と商品のドUPの写真ばかり
☑文字入れフォントがバラバラ
☑そもそも楽しめていない
えっ!?
ほぼやってるけど…

そんな使い方じゃ もったいないよ!! 本当に使いこなせば インスタは 人生を変えるほどの インパクトがあるのよ!
ぐい
ぐい
えっ!? 集客だけ じゃなく…??

例えば私は インスタで 思い通りの人生を 歩めるように なったの♡
インスタを始める前
写真撮るの好き だけど 撮られるのはイヤ
飛行機乗れない
旅行キライ
社会不適合
インスタを始めたら…
インスタ大好き
好きすぎて 使いまくり
好きなことを しているだけで 自然と集客が できるように!
見ました!
会いたくて 来ました!
シャンプー そろそろ 欲しいなー
ちょうど 案件頂けた♡
どうぞ!
PR
PR案件♡
全国のホテルから 招待され 毎週どこかで ワーケーション♫
ステキな ホテル
発信
みました!
行きたい!
フォロワー
近くの お店
ありがとう!
お店
みんなHAPPY♡
えー!?
なんで!?

一般的に
言われている
インスタ集客って
テーマ毎に
アカウントを分けて運用
お役立ち情報
を発信
○○の
裏ワザ
滞在時間が
長く
なるように
サムネイルを
そろえる
こういう
ノウハウが
メインでしょ？
そうですね
まさに
だけど私がやってきて
見つけたのは
3つのポイント！
①インスタ愛♡
私はインスタを
こよなく愛する
オタク♡
Love
インスタ〜
かたときも
離さない♡
引
こんな人も…
わからん…
苦手…
でも
やらなきゃ…
つらい…
インスタ
どこが
楽しいの？
ノウハウのみ
義務のみ
インスタ能力
マジックで♪
インスタ愛
結果がでる！
わかる！
おもしろい！
コミュニケーション
たのしい!!
ワクワク
どうしたら
喜んでもらえる
かなっ？
今では
舞さんの
言っていたこと
わかります！
インスタ
大好きです！
②商品ではなく自分のファンをつくる！
ビジネスノウハウの
発信だけでは
その情報を知りたい人
だけしか来ないの
それではあなたが
他のことを始めたときに
興味を持ってもらえない
サロン
集客
ノウハウ
ビジネス
発信のみ
あなたのファンでは
ないので…
新しく
○○
はじめ
ました！
ノウハウは
嬉しいけど
これは
キョーミないな
フォローやめよ
だから
同じ
アカウントで
投稿を分けたり
ツールを
分けたりするの
ストーリー
での
プライベート
今
○○してます
なんか
好き♡
クス♡
私の
好きな
○○
○○の
方法
知ってる？
アカウントに
あつめる
ビジネスに
あつめる
共感♡
へー
そうすれば
あなた自身に
興味を持ってもらえるから
どんなサービスでも
どんどん売れていくのっ！

そのために大切なことは自己開示！ありのままの自分を出していくことが大事よ！
常に5つ星ホテル
ラグジュアリー
ドジって〇〇しちゃった
テヘ♡
好感
クスッ♡
素の自分を好きな人が集まる
実はふだんはユニクロも着てる
つかれる…
ドジ
専門性
趣味
おもしろい人だな
自分のいろんな面を見せていく
③ちゃんと分析して次に生かす
意外！舞さんふわっと天然ぽいのに
分析オタクなの♪
おーー！
反応2倍になった！
次は〇〇してみよ！
今日
昨日
やってみる
分析
次に生かす
目に見えて数値の変化があると面白くなるよ！
3つのポイントを守ればこうなる！
たのしくインスタ♡
集客
PR案件
ブランディング
ちょうどほしかった家電だ！
イベントによばれる
出版！
えーー
舞さんがすごいからうまくいっただけでは？
そんなことないわ私が教えた人たちもこんな成果をだしてるよ！
57歳 元教師ラジオパーソナリティー
400→7000フォロワー
3ケ月でスポンサーget!
30歳 会社員ママ
1600→47日間で1万フォロワー
PR女王へ!!
52歳
350→1.1万フォロワー
人生初の月商200万円超え
すごーい!!

舞さんはなんでこんな風にインスタグラマーになれたんですか?
?
私はもともと社会不適合者なんです♡
ええ!?
子どもの頃から生きづらさを感じていたの
中学校は2年しか通えず
高校は2カ月で中退
あわないムリ
えー!?
結婚したけど離婚して
バイトも長続きしない
……
ひょんなことから高齢の方の身のまわりのお世話を始めたのだけど
その方が亡くなり…
私に医療の知識があればもっと何かできたんじゃ…
よし!! 看護師めざそう!!
なんでそうなる!?
持ち前の過集中で模試の生物では全国13位になるも…
すごーい!
合格だね!
これって本当にやりたいこと?
モヤ
モヤ
そんな時フラっと歩いていたら
あ 空きテナントだ
オシャレ…
そんな時ふと…
ハーバリウムやりたい!
いやなんで突然!?

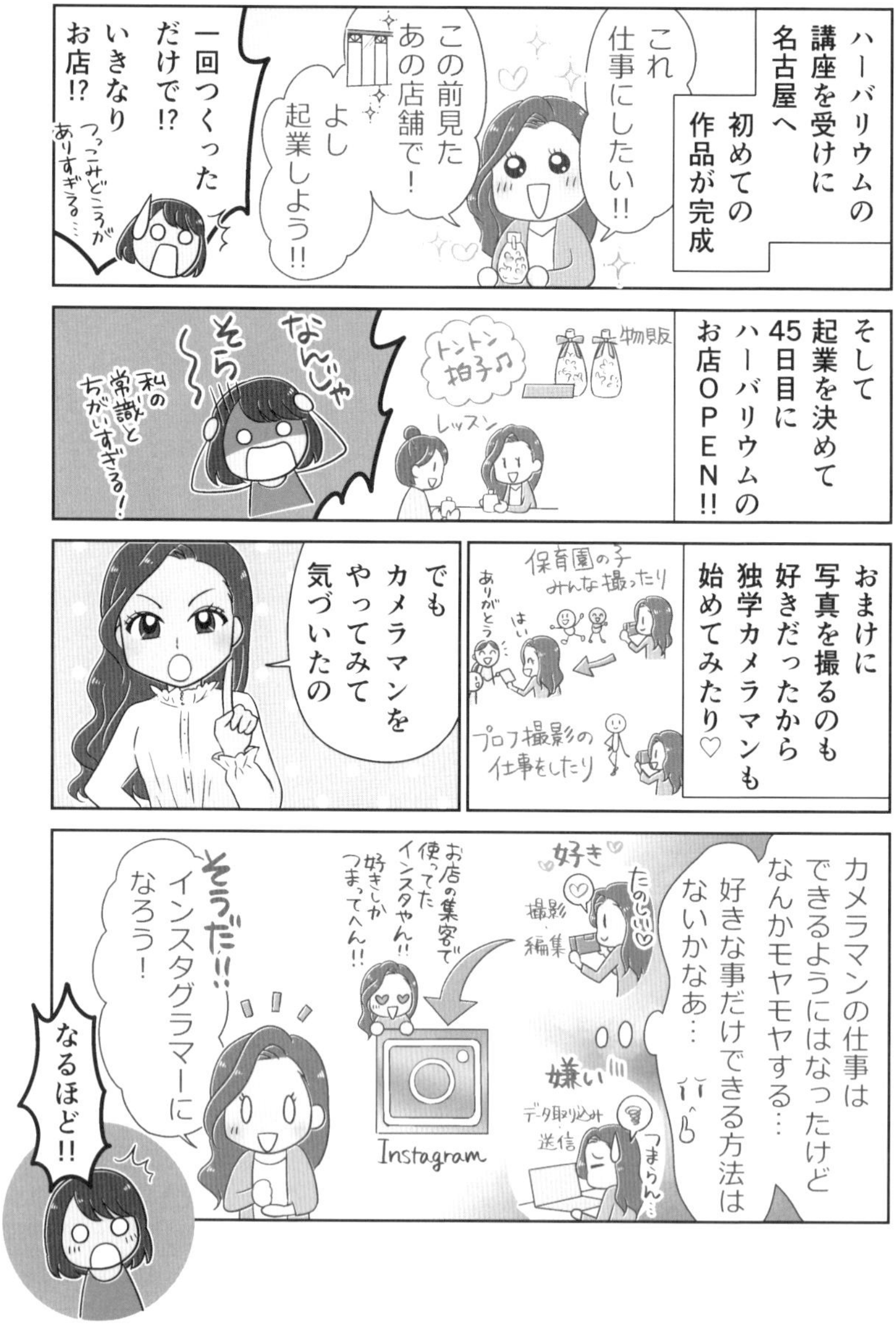
ハーバリウムの
講座を受けに
名古屋へ
初めての
作品が完成
これ
仕事にしたい!!
この前見た
あの店舗で!
よし
起業しよう!!
一回つくった
だけで!?
いきなり
お店!?
つっこみどころが
ありすぎる…
そして
起業を決めて
45日目に
ハーバリウムの
お店OPEN!!
物販
トントン
拍子♫
レッスン
なんじゃ
そら
〜〜
私の
常識と
ちがいすぎる!
おまけに
写真を撮るのも
好きだったから
独学カメラマンも
始めてみたり♡
保育園の子
みんな撮ったり
ありがとう
はい
プロフ撮影の
仕事をしたり
でも
カメラマンを
やってみて
気づいたの
カメラマンの仕事は
できるようにはなったけど
なんかモヤモヤする…
好きな事だけできる方法は
ないかなあ…
好き
たのしい♡
撮影
編集
嫌い
データ取り込み
送信
つまらん…
お店の集客で
使ってた
インスタやん!!
好きしか
つまってへん!!
Instagram
そうだ!!
インスタグラマーに
なろう!
なるほど!!

楽しく発信しつつ色んなことを始めてみたら――
オンラインサロン
起業アカデミー
講師養成
ライバー
舞さんのファンなのでこっちも興味あります♡
また来ました♡
商品じゃなく自分のファンになってくれてるから
どんどんうまくいくように!!
起業してからはスイスイうまくいってるんですね 私とはちがう…
舞さんスゴすぎて…
そんな私にも暗黒の時代がやってきたのよ
!?
起業のノウハウを人に教え始めたら
役に立たなきゃ…
うまくいかないのは私のせいだ…
責任
うまくできません
不安で…
今まで自分軸でできていたことが他人軸になってしまった
どんどん異変があらわれて
何が好きか分からない…
何もしたくない…
そんな時インスタライブを見て
そうか!!
私の好きってなんだろう
今まで時間とお金を使ってきたことはなんだろう?
やっぱり
インスタだ!!
たのしい!
オススメしたいからシェアしよ
何投稿したら喜ばれるかな

ためしに
インスタを教えることに
他にも先生は いっぱい いるけど…
インスタって みんな普通に出来る だろうけど…
講座受講者募集！
すると みんな大喜び!!
結果 でました！
フォロワー 増えました！
私も 嬉しい!!
仲間 サイコー!!
大学で 講座をしたり
インスタグラマーとしてTVに出て地方創生のお手伝いができたりと
沢山の出会いが広がってる!!
舞さんみたいになりたいけど… 私でもできるかな？
大丈夫！ みんな最初は 不安がってたけど、 できるよう になったよ！
やって みます!!
そして 講座で学び始めた
自己分析 シートか
これを使えば 投稿が 楽になりそう！

すごい!! 反応がくる!!
この投稿、コメントがいっぱい来る!
フォロワーが20人増えた!!
最近楽しそうだね!
素敵な写真!
毎日の投稿やコミュニケーションが楽しい♡
どうすればもっと喜んでもらえるかな?
あ、DMだ!
他の商品にも興味を持ってもらえるように
アクセも気になるのでオーダーしたいです!
ありがとうございます!
初めてのPR案件で家電もらえちゃった!
わあっ
楽しんでるだけなのに自然と集客できるし
沖縄、来てみたかったんだよねー♡
PR案件も入ってきて
やりたいことがどんどんできてる!!
インスタをただやってるだけなんてもったいない!
1回学んでみたら人生変わるかもよ♡

Part 1

可能性は無限大！ Instagram はこんなツール！

Part 2 商品・サービスを無料で試せるPR案件

Part 3 売上UP！ Instagramを集客に活かそう！

Part 4

ファンがどんどん増えるInstagram運用法

Part 5 Instagramで次々と叶ったホントの話

Part 1

可能性は無限大！Instagramはこんなツール！

1 24時間勝手にアピール!? Instagramは「デジタル名刺」

あなたはInstagramと聞くと、どんなイメージを浮かべますか?「画像を載せるSNS」でしょうか。それとも「女性に人気のSNS」?

Instagramは自分に代わって、たくさんの人に自分のことを紹介してくれる「デジタル名刺」。プロフィールに名前や職業、所属などの自己紹介が書けるので、紙の名刺代わりになるんです。私も名前や肩書き、住んでいる場所、経歴などを書いています。

Instagramには紙の名刺にはないメリットがあります。それは24時間稼働してくれること。デジタル名刺は、あなたが寝ていても、友達と遊んでいてもアカウントを見に来た人にあなたのことを伝えてくれます。

実際に、デジタル名刺が仕事に繋がった例もあります。

私はハーバリウムやアクセサリーのハンドメイドのお店を持っていて、企業に出張レッスンをしに行きたいと思っていました。そこで、【出張レッスン可】とプロフィールに書いておくことにしたんです。

するとある日、高級車メーカーから、出張レッスンの依頼が入ったんです。

担当者の方にどうして声をかけてくださったのか尋ねると、イベントをすることになり、Instagramで誰かいないか調べていたところ、私のことを発見してくださったそうです。

Instagramをしていなかったら、この出張レッスンの依頼はなかったかもしれません。そう考える理由は2つあります。

まず1つはチラシなどであれば部数や配る地域をあらかじめ指定して配るため、そもそもほかの地域の方に存在を見つけてもらえないから。

もう1つは、Instagramがなければ、「こんな人はどうでしょうか」と上司にプレゼンするのが難しいからです。

今回の例のように、社内で何かイベントをするとき、イベント担当の社員は顧客を満足させるイベントを考えたり、外部講師が必要であれば候補を探したりします。そして、いい人が見つかれば上司に提案します。

このとき、ホームページやSNSのように、候補者がどんな人なのかが一目で分かるものがなければ、説明が難しいです。

Instagramのプロフィールなら、アイコンに顔を載せているし、お店の名前やサービスの内容も書かれているから、「こんな人です」という説明がとてもしゃすいんです。

だから、私の存在を見つけて選んでもらえたのではないかと思います。

今は企業がInstagramでさまざまなリサーチをかける時代です。

そこで、デジタル名刺を作り、あなたが何者なのかを誰でも見られるようにしておくと、思わぬチャンスが舞い込んでくる可能性が高くなります。

仕事の依頼が入ることもありますし、趣味について投稿しているだけでも、テレビや雑誌から取材が入ることがあるかもしれません。

たくさんの人に自分のことを知ってほしいと思う方は、あなたのことが一目で分かるデジタル名刺としてInstagramをぜひ利用してください。

2　資金がない！　無料で打てる広告はこれだった

私がInstagramを使い始めたのは2018年の10月でした。きっかけはハンドメイドのお店をオープンしたことです。

初めてハーバリウムを作った日から45日後に、神戸三宮駅から徒歩5分ほどの場所でハンドメイドのお店をオープンしました。

起業を考えていたわけでも、お店を開きたかったわけでも、商売の勝算があったわけでもありません。ただの直感でした。それくらい、ビビッと来て、「私はこれをやっていこう！」と思ったんです。

オープンするまでの間、考えました。お店を続けるには、たくさんのお客様に来ていただかなくてはいけない。それには広告を打つのが手っ取り早いけど、そのお金もない。そこで目をつけたのがInstagramでした。

無料で使えるので、資金がなかった私にはぴったりのツールでした。開店前から運用し始め、オープンしてからも集客のために使いました。

無料で使えるＳＮＳといえばFacebookやTwitterもありますが、Instagramを選んだのは写真がメインで、ハーバリウムやアクセサリーなど、お店の商品の魅力を伝えやすいと思ったからです。友達に「今さら⁉」と驚かれましたが（笑）。

右も左も分からない、そんな出発でしたが、それでも集客のために使うという目的は達成され、「Instagramを見て来ました」とたくさんのお客様がお店に来てくださいました。

このとき作ったアカウントは、今では2万４０００人もフォロワーがいます。

もし、「フォロワーを増やすのは大変そう」「すぐに集客には結びつかないだろう」と行動していない人がいるなら非常にもったいないです。

フォロワー数が少なくても、たまたま誰かが見つけてくれて、仕事の依頼に繋がることは珍しくありません。始めたばかりのアカウントでも、すぐに影響力のあるアカウントにすることはできるんです。

私の講座の受講生さんの中には、たった3ヶ月の受講期間の中でフォロワー数1万人を突破された方もいらっしゃいます。

ビジネスだけでなく、趣味などのプライベートを発信している方でも、フォロワーを増やして、影響力をつけている方がたくさんいらっしゃいます。

行動するのが早ければ早いほど、結果が出るのも早いので、少しでも興味があるのなら、今すぐ始めてみてほしいと思います。

3 意外な目的で使えるInstagram

Instagramは次の例のようにいろいろな目的で使うことができます。

①集客

Instagramを使って集客する事例はとても多いです。ブログ、チラシ、広告だけではなく、ＳＮＳでも集客できるんです。私もいろいろなビジネスをしてきましたが、そのほとんどをInstagramで集客してきました。Instagramを使った集客の方法は別のPartで詳しくご紹介するので、ぜひ参考にしてくださいね。

②ＰＲ

企業の商品やサービスをInstagramで宣伝するというものです。ＰＲ案件を受けると、商品やサービスを無料で提供していただけます。代わりにインスタグラマーは自分のアカウントで商品を紹介して、認知度アップのお手伝いをします。私もこれまでホテルに無料で宿泊させてもらったり、何種類ものシャンプーをいただいたりしています。いろいろなサービスを体験したい方にはおすすめです。

ＰＲ案件についてはPart 2で詳しくご説明するので、ぜひご覧ください。

PRだけで何百万の価値がある商品をいただいたり
体験させていただいてます。

③ 影響力を持つ

Instagramでフォロワーを増やすと、影響力の大きい、いわゆるインフルエンサーになることができます。

日々の出来事をInstagramでシェアすることでファンがついて、コメントをくれたり、「○○さんの世界観が好きです！」と言ってもらえたりします。

影響力を持つと、ＰＲ案件の依頼もどんどん来るようになります。

④ いろいろな人と繋がる

アカウントを運用する目的を人との出会いにしてもいいと思います。

私は今、大好きな人たちに囲まれて仕事をしていますが、そのほとんどの人はInstagramがなければ出会えなかったと思うのです。

いつも「いいね」やコメントをくれるフォロワーさんだけでなく、インスタ講座の生徒さんも、アカウント運用が上手くいっていなかったら会えていません。

こうしてたくさんの人と繋がれるのも、Instagramというデジタル名刺が24時間稼働してくれているおかげだなと思います。

自分を好きだと言ってくれる人に囲まれたい、もっといろいろな人に出会ってみたいという人には、本当におすすめですよ。

Memo

どんな目的でInstagramを

使ってみたいか書いてみてください☆

例）影響力をつけて憧れの人に会いたい！

4 使う目的はどんどん変わってもいい！

目的を途中で変えてはいけないということはありません。

私も4年間運用する中で、どんどん変えてきました。最初はハンドメイドのお店や、カメラマンもしていたので、その集客のために使っていました。

コロナが流行し始めてからは、オンラインで提供するサービスを販売するためにも使い始めました。例えば、今までオフラインで開催していたハンドメイドのレッスンをオンラインで受講できるように動画を販売したり、起業アカデミーやインスタ講座をしたりと、次々とサービスをリリースしていきました。

のちに、ＰＲ案件もインスタを使う目的の1つになりました。

このように、長く運用しているとやりたいことがどんどん出てきて、最初の目的と変わってくることもあります。それでもいいのです。Instagram はいろいろな目的で使えるツールなので、やりたいことが変わっても、その時々の自分の目的を実現するための頼もしい味方になってくれます。

5　おすすめの活用法①～マネタイズ～

Instagramでできることはたくさんあります。

◆集客

◆PR

◆ファン作り

◆マネタイズ

◆コラボ

ハンドメイド作家、カメラマン、オンラインレッスン
ライブコマース、オンライン販売を
インスタ上で告知している様子

集客とPR、ファン作りについてはこの後のPartで詳しくご説明するので、ここではマネタイズとコラボについてご紹介しますね。

マネタイズとは技術や知識などを収益化することを指しますが、ここではInstagramを使ってお金を生み出すことについてお話しします。

SNSで収入を得られるのは広告をつけられるYouTubeだけと思っている方が少なくないようです。

しかし、私もそうですし、受講生さんたちの中にもInstagramを育てることでマネタイズしている人がたくさんいます。

マネタイズの例は次のようなものがあります。

◆PR案件の報酬

PR案件の中には報酬をいただけるものがあります。

◆Instagram運用の講座・コンサル

フォロワーが増えないことやInstagramから集客ができないことに悩んでいる人に運用方法やコツを教えることでマネタイズできます。私もインスタ講座を開いて受講生さんにノウハウを教えています。

◆商品・サービスの販売

自分の商品やサービスをInstagramで紹介し、購入に繋げている人はたくさんいます。私の場合、ハーバリウム、フラワーボックス、アクセサリーなどの有形の商品の販売と、講座や1dayセミナーといった無形のサービスの販売のどちらも行なっています。

◆アフィリエイト

企業の商品をSNSやウェブサイトなどで宣伝し、企業サイトに繋がるリンクを貼り、そこを経由して購入や申し込み、資料請求など企業が指定した成果が出れば、報酬がもらえるというものです。

Instagramでは投稿やストーリーズで商品を紹介し、リンクへ誘導している人が多いです。

◆インスタライブの投げ銭

インスタライブには「バッジ機能」と呼ばれる投げ銭機能があります。投げ銭とはコンテンツの視聴者が作り手を応援するためにお金を渡すことなのですが、ライバーへの課金と聞くとピンとくる方もいるかもしれません。インスタライブでも投げ銭ができるようになっています。積極的にライブ配信をすれば、あなたもフォロワーさんからバッジがもらえるかもしれません。

◆運用代行

経験を生かして、アカウントの運用代行を仕事にする人もいます。生徒さんの中には、本業がありながらも運用代行を数社受け持ち、働く選択肢を増やしている方もいます。

このように、Instagramでマネタイズする方法はたくさんあります。収入源を増やしたい、新しい仕事を始めたいという人に本当におすすめです。

Memo

どのようにマネタイズをしたいか
書いてみてください☆

例）インスタをつかって商品を販売したい！

6 おすすめの活用法②～コラボ～

Instagramでは、誰かとコラボして発信することもできます。

例えば、インスタライブは現在、最大４名でコラボ配信ができます。また、ほかのアカウントと共同の投稿を作ることもできます。

最大４人まで一緒に
ライブ配信ができます♡

共同投稿をすると
お互いのアカウントに
同じ記事が表示されます

7 新機能は積極的に！　今、一番活用してほしい機能は「リール」

リールとは、最長90秒（２０２２年12月現在）の動画を投稿できる機能です。TikTokやYouTubeのショートに似ています。

Instagramといえば「画像を投稿するＳＮＳ」というイメージを持つ方は多いと思いますが、動画を撮ってアップしている人も非常に多いです。

私はリールでInstagramのお役立ち情報、ダンス動画、旅行先で撮った動画などをアップしています。

なぜこれを活用してほしいかというと、リールは比較的新しい機能で、現在（２０２２年12月）一番拡散が期待できるツールだからです。

リールに限らず、新しく搭載された機能をどんどん使えば、Instagramから評価され、積極的におすすめやタイムラインに載せてくれるなど、拡散を手伝ってくれます。なので、あなたの存在をまだ知らない人に知ってもらえるチャンスが大きいのです。

もし、まだリール機能を使ったことがないなら、まずは近所の景色を写した動画をアップするだけでもいいので、ぜひ一度試してほしいと思います。

8 リール機能だけでは不十分⁉

ただし、リールでバズってもフォロワーが増えるわけではありません。いろいろな人に自分の投稿を見てほしいだけなら、バズることだけを目指すのもアリです。でもフォロワーを増やしたいなら、リールだけでは不十分です。

リールを見てあなたのことを「気になる」と思った人は、あなたのプロフィールを見に行き、ほかの投稿も見るはずです。そのとき、投稿内容やプロフィールに興味が湧かなければ、フォローせずに去ってしまいます。リールが面白ければフォローしてくれるということはほとんどないんです。

そのため、リールだけに力を入れるのではなく、中身のある投稿をして、プロフィールもきちんと整えておきましょう。

あなたの人間味を伝えて、今後も楽しみに投稿を見に来てくれるきっかけを作らないと、「楽しかった」とただ思われるだけで終わってしまいます。ただバズりそうな動画を作るのではなく、あなたの人間性が伝わるような内容にすることを意識してみてください。

9 Instagramに年齢や性別は関係ない！

Instagramってどんな人が使っているイメージがありますか？　若い女性が使ってそう……と思う方もいると思います。でも、男性でも使っている方は多いですし、年齢層も広がっています。

私のインスタ講座の受講生さんは年齢も幅広く、一番下で24歳、一番上は63歳、一番多い層は30代です。女性が多いですが、約2割は男性です。

職業もバラバラ。自分で何かのビジネスをしている個人事業主さんを筆頭に、会社員、会社経営者、専業主婦の方もいらっしゃいます。

目的もさまざまで、Instagramを活用した集客の仕方を知りたいという方が多いですが、ほかにも、ＰＲの方法を知りたい、自分が存在する場を作りたい、自分が輝ける場が欲しいといった理由で講座に参加された方もいます。

このように、今やさまざまな層がInstagramを使っています。そう聞くと「若い人向けだから、私が本気でするのはおかしい」「男の俺が使ってもフォロワーは増えなさそう」という思い込みがなくなるのではないでしょうか。

Part 2

商品・サービスを無料で試せるＰＲ案件

1 ホテルから無料招待⁉　ＰＲ案件って楽しい！

Instagramのアカウントを育てると、ホテルから無料で招待されたり、家電や洋服がいただけたり、レストランで美味しい食事をご馳走してもらったり、エステを体験できたり……なんて恩恵があるのをご存知ですか？

私もこれまでにInstagramを通してこんな体験をしました。

◆石垣島のリゾートホテルに５泊６日滞在
◆熊本の高級旅館に無料で宿泊
◆シャンプーを何種類もいただく
◆家族５人で旅行
◆脱毛器や美容クリーム、美顔器などをいただく
◆ワーケーション先のレストランから招待　など

これらはほんの一部にすぎません。無料で体験できるだけでなく、報酬をいただけることもあります。

このように企業からオファーをいただくことを「ＰＲ案件」と言います。

今は、自社の製品やサービスをＰＲしたいとき、インスタグラマーに依頼する企業が増えています。

企業はインスタグラマーに商品を無償（または報酬付き）で提供します。

ホテル、エステ、フィットネスなど、形のないサービスの場合は直接伺い、無料でサービスを体験してＰＲ記事にします。投稿を企業に確認していただいたら仕事は完了です。

タイアップ投稿の表示が必須となりました。
まだバージョンが伴っていないアカウントは大丈夫です。

2 今からでも遅くない！　PRの依頼が絶えないアカウントの作り方

「PR案件すごく気になる！　でも私は影響力もないし、フォロワーも少ないし、今からなんて難しいだろうな……」と思う方もいるかもしれません。

でも、作り方次第で依頼がすぐに舞い込むアカウントにすることは可能です。

私が主宰するインスタ講座では、早い方は1ヶ月ほどで結果を出しています。

中には、フォロワー数が1000台でもオファーが来たり、短期間で100以上の企業から依頼をもらえたり、報酬アリの案件が来た人もいます。

でも、この生徒さんたちもかつては「自分に案件がくるなんて想像できない」と思っていたそうです。そんな状態から数ヶ月でPR案件が来て、さらに自分の欲しい案件だけを選べるようになり、本人たちが一番驚いています。

だから、この本を読んでくださっている方も「私なんて……」と思わず、依頼が入るアカウントを目指してトライしてみてほしいと思います。

元々私も集客用として使っていたので、2021年8月までPRの経験はほとんどありませんでした。ですが、インスタ講座を開講するにあたり、PR案件をカリキュラムに入れるため、研究を始めたのです。

◆どうすればＰＲ案件がいただけるのか
◆どうすれば依頼したいと思ってもらえるのか
◆どうしたらリピートがもらえるのか

を考えながらとことん向き合ったところ、コツを掴み、1ヶ月も経たずに結果が出ました。

◆ホテルのＰＲ案件の依頼
7件
◆ファッション、美容、家電、整体エステ、グルメ、絵本、家具など24件

やり方が分かるとこんなに依頼が入るようになったんです。

これから、奮闘しながら掴んだテクニックやコツを紹介しますね。

3　PR案件が欲しい人が大事にすべき1つの指標

PR案件が欲しい人に大事にしてほしい指標はズバリ保存数です。

Instagramでは投稿が保存できるのをご存知ですか？　投稿画像右下のしおりマークを押すとその投稿を保存でき、いつでも見返すことができます。

投稿の質が高くて、内容が充実していると保存数は多くなります。

なぜ保存数が大事かというと、フォロワー数が数千、数万人のインフルエンサーがPR案件をしたいなら、投稿の質が絶対に問われるからです。

インフルエンサーにはいろいろな種類があります。中でもメガインフルエンサーやミドルインフルエンサーと呼ばれる人たちの影響力は絶大です。

メガインフルエンサーは芸能人などフォロワーが何百万人もいる人、ミドルインフルエンサーはフォロワーが何十万人もいる人のことを言います。

これらのインフルエンサーなら、ただ商品の画像と少しの紹介文を載せるだけでも一気に拡散されますし、「憧れのあの人が使ってるなら」とファンが購入することも見込めます。

対して、フォロワーが何十万人もいないインフルエンサーの場合、商品やサービスを紹介するだけでは不十分です。

企業様に「この人にお願いして良かった」、「またお願いしよう」と思ってもらうようには、内容を充実させて、投稿の質を上げる必要があります。しっかり商品の魅力をアピールすることができれば、たとえ芸能人のようにフォロワー数が多くなくてもＰＲは成功します。

たまにほかの人のＰＲ投稿を見て、「えっ？　情報、これだけ？」と悲しくなることがあります。薄い内容の投稿をする人がいることで、インスタグラマーに依頼することをよく思わない企業が出てきてしまっているのです。

私はそれがどうしても悔しい……。

だからこれを読んでいるみなさんはＰＲ案件を受けたら内容を充実させることを意識して投稿してくださると嬉しいです。

とはいえ、保存するほどもう一度見たくなるような投稿って具体的にどう作ればいいの？　って疑問に思いますよね。

Instagramはいいねやコメントの数は表示されますが、保存数は投稿者しか見れません。だから、たくさん保存されている投稿を参考にできないんです。

そこで私は「こうすれば保存数が伸びるのではないか」と仮説を立てて、検証を繰り返し、その結果、もう一度見たい記事作りに大切な考え方を見つけました。次の章で詳しく解説していきますね。

4 依頼が絶えないwin－win－win精神①～自分のwin～

ＰＲ案件をいくつもいただけた私が大切にしている考え方があります。それは「win－win－win」。これは3者のwinを考えるというものです。3者とは次の3つです。

◆発信者である自分自身
◆自分の投稿を見てくれるInstagram ユーザー
◆依頼をくださる企業

それぞれのwin、つまり、

◆自分のwin
◆ユーザーのwin
◆企業のwin

この3つのwinを追求すれば良い投稿になり、保存数も増えると考えました。

まず1つ目の「自分のwin」とは、「自分が紹介したい案件かどうか」です。

ＰＲをたくさんしたいからといって、自分が紹介したくないと感じる案件まで受けるのは自分に対して優しくないですよね。それに、いやいや受ける案件は気持ちが乗らないと思います。

ＰＲ案件とひとくくりに言っても細かく分けるとたくさんカテゴリーがあります。例えばこんな感じです。

◆ホテル　◆グルメ　◆ファッション　◆おもちゃ　◆家具　◆家電

◆美容　◆サプリ　◆体験　などなど。

「ないジャンルなんてないのでは⁉」というくらいたくさんの種類があります。

自分はどんなジャンルの案件が欲しいのか、一度考えてみましょう！

具体的にイメージが湧かないという方は私のInstagramを覗いてみてください。投稿に「ＰＲ」もしくは「タイアップ」と書かれているものは全てＰＲ案件の投稿です。

可能な方は、ジャンルごとにさらに突きつめて考えてみてください。例えば、「美容」でも、「エステ」なのか、「アンチエイジング」なのか、「ネイル」なのか、「ヘア」なのか、「基礎化粧品」なのか、など、具体的に考えれば考えるほど、自分好みの案件を目指しやすくなります。

（ワーク）欲しい案件を思いつくままに書き出してみよう！

（グルメ／ホテル／ファッション／おもちゃ／家具／家電／美容／サプリ／体験などなど）

parisflower202bm
1,229 投稿
2.3万 フォロワー
773 フォロー中
大久保舞 インスタグラマー輩出インスタの先生
全国飛び回るワーケーション社長 神戸/東京
起業家
\Instagramは、デジタル名刺♡/
2023出版
裏アカ
@maio_instaceo
株)Metoo代表取締役
店舗経営4年
中卒&社員経験無
ニート→ハンドメイド→会社設立
年商8桁
旅行好き 13歳11歳シンママ
インスタ５つの完全攻略動画
bit.ly/3vwWPG6、他1件
PARISFLOWER202BM

Memo

欲しい案件を思いつくままに
書き出してみてください☆

例）ホテルとエステの案件がほしい！

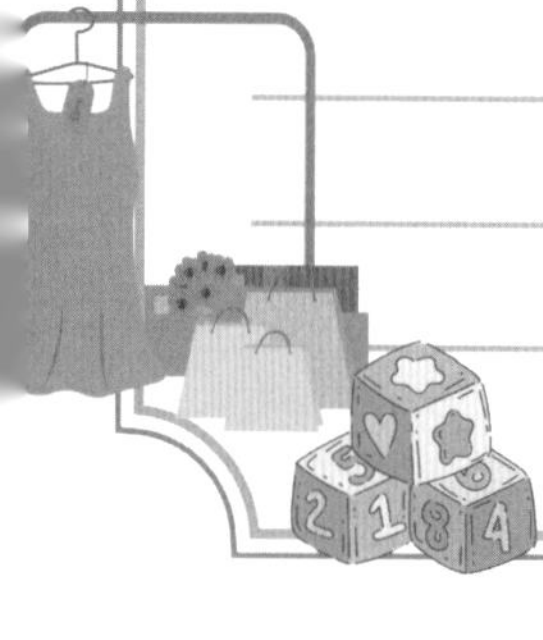

Memo

さらに具体的に書き出してみてください☆

例）関東のホテルに家族で招待されたい！

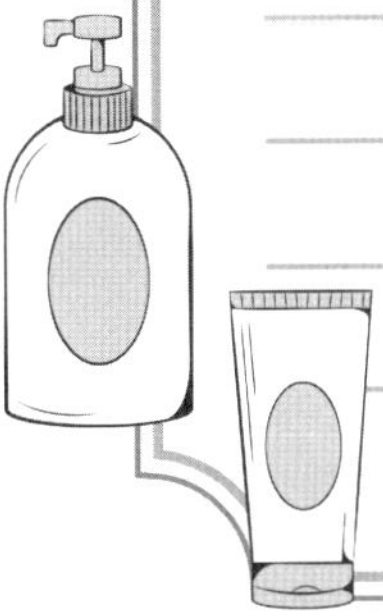

5 依頼が絶えないｗｉｎ－ｗｉｎ－ｗｉｎ精神②～ユーザーのｗｉｎ～

２つ目の「ユーザーのｗｉｎ」とは、あなたの投稿を見てくれるInstagramユーザーにとって知りたい内容かということです。

ＰＲ案件の依頼が欲しいのなら保存数が大事だとお伝えしましたが、その保存をしてくれるのがこのユーザーなので、非常に大切です。

もし、「自分が楽しければそれでいい」と自分のｗｉｎだけを考えていると、ユーザーが知りたいポイントをアピールすることなく、薄っぺらい投稿になってしまうでしょう。私も過去の投稿のインサイト（いいね数や保存数が確認できるツール）を見ると、保存数は１や２と無残なものでした。

一方、ユーザーの視点も考えて作ると、投稿のクオリティはグッと上がります。

ではユーザーは投稿にどんな情報を求めているのでしょうか？

私はInstagramの利用時間が１日平均７時間と表示されるくらいのヘビーユーザー（笑）。そこで、「自分ならどんな情報があれば保存するだろう？」「実際にどんな投稿を保存しているだろう？」と考えてみました。

その結果、書き出してみたのが次の項目です。ユーザーのｗｉｎを満たすにはこんな情報を投稿に詰め込みましょう。

①購入する際にユーザーが気にするであろう箇所　②地図・駅からお店までの行き方　③価格　④混み具合　⑤駐車場の有無　⑥撮影スポット　⑦電話番号　⑧定休日　⑨メニュー　⑩子どもの利用の可否　⑪使い心地　⑫メリット、デメリット　⑬おすすめポイント　⑭コーディネート例　⑮肌触り　⑯色パターン　⑰サイズ感　⑱企業アカウントのＩＤ

いくつかピックアップして解説しましょう。

①購入する際にユーザーが気にするであろう箇所

洋服、化粧品、家電など、商品を買うときに気になるポイントのことです。特にオンラインでの購入は実物を見ないので、不安を感じやすいですよね。そんな人のために、購入する際に気になるポイントを入れることにしました。

例えば女性向けのバッグの場合、おそらくユーザーは買うときにこんなことを考えると思います。

◆具体的な大きさはどれくらい？　◆長財布は入る？　◆肩紐は取り外せる？

そこで、私ならこんな投稿内容にします。

◆バッグの各辺の長さを記載する　◆自分の長財布を入れた写真を載せる

◆肩紐付きの写真と取り外した写真を両方載せて2WAYだと伝える

オンラインで商品を選ぶときは実際のサイズが分かりにくいので、大きさが分かる情報を盛り込むと喜ばれます。わざわざ各辺の長さを測るのは面倒、と感じる人もいると思います。それでもユーザーのwinのためにひと手間かけることで、ユーザーから選ばれ、保存数が増えるのです。

③価格

買い物をするとき、値段は最も気になりますよね。商品なら購入価格、施設なら入場料と、値段に関する情報が書かれていると、ユーザーは調べる手間が省けるので、いつでも確認できるように保存する人も増えます。

④混み具合

訪問したときの混み具合や、入るまでに並ぶ可能性があるかという情報は、実際に行った人しか分からない情報なので、これから訪れる人にとって、とても参考になります。

⑤ 駐車場の有無

車で移動することが多い人にとっては駐車場があるかどうかはかなり気になるポイントです。◆駐車場はあるか ◆どこにあるか ◆何台分の駐車スペースがあるかなどを、伝えてあげましょう。

⑥ 撮影スポット

投稿に載せた画像を撮った場所を書くと、「同じ写真を撮りたい！」と思った人はあとで見直すために保存するはずです。私も以前、撮影方法を載せたところ、反響がたくさんあったため、どんな風に撮影したのか気になる人も多いのだと知りました。撮影しているカメラやスマホの機種などを書くのもおすすめです。

⑩ 子どもの利用の可否

お子様がいらっしゃる方にとっては非常にためになる情報です。

◆子どもと一緒に入れるかどうか　◆身長制限はあるか　◆子ども用トイレはあるか　などの情報があると、とても助かります。

⑪使い心地

使った人にしか分からないことなので使用感を伝えてあげましょう。

⑰サイズ感

同じサイズ表記でも身に着けてみたら全然違うことってありますよね。同じ22・5cmの靴なのに履いた感じが違うなんてこともあります。そこで、自分の身長を書いて着心地をレビューしたり、長さだけでなく幅も含めて書いたりするととても参考になります。

⑱企業アカウントのID

投稿で紹介している企業がInstagramのアカウントを持っている場合、そのIDを画像やキャプション（本文）の中でタグ付けしておくと、タップするだけで企業アカウントに飛べるので喜ばれます。

ユーザーのｗｉｎを満たす情報は、商品によって変わりますし、発信者が女性か男性か、子どもがいるか、独身か、などインフルエンサーの属性によっても変わってきます。

ユーザーのｗｉｎについては、Part 3やPart 4でも、人気アカウントに育てるためのコツとして繰り返し触れています。ＰＲ案件に限らず、普段の投稿からユーザーのｗｉｎを意識することはとても大切です。どんな内容でも喜ばれるポイントをたくさん見つけられるように、今から練習してみてください。

（ワーク）ＰＲ投稿で自分が知りたいと思う情報を書き出してみよう！

PR投稿で書いてあったら
嬉しいと思う情報を書き出してみよう！

案件内容	自分が注目する点	ユーザーが知りたい点
例）Bag	長財布が入るかどうか 重すぎないか	ポケットがあるかないか ショルダーのありなし

6 依頼が絶えないｗｉｎ－ｗｉｎ－ｗｉｎ精神③～企業のｗｉｎ～

３つ目の「企業のｗｉｎ」とは、私たちインスタグラマーにＰＲの依頼をする企業にとって魅力があるかということです。

企業は大切な広告宣伝費をインスタグラマーに使っています。では、どんなインスタグラマーにならお願いしたいと思えるのか。また、投稿した後に「この人にお願いして良かった！」と思ってもらえるのか。

そのためには次の要素を押さえることが大切です。

①フォロワー数がある程度ある　②いいね数が多い　③ユーザーとコメントのやり取りをしっかりとしている　④企業側の意図を汲んでくれる　⑤商品についてしっかりとしてくれる　⑥タグ付けをしっかりとしてくれる　⑦ハッシュタグを自分でも考えてくれる　⑧投稿写真、キャプションが見やすい　⑨写真が綺麗　⑩しっかりと打ち合わせができる　⑪情報量が多い　⑫企業アカウントやサイトへの導線がしっかりと組まれている　⑬世界観が合っている　⑭投稿イメージが湧く　⑮信用できる　⑯動画も入れてくれる

いくつかピックアップして解説しますね。

③ ユーザーとコメントのやり取りをしっかりとしている

投稿についたコメントに返信しているということは、フォロワーとの関係性をきちんと構築できている可能性が高いです。なので、フォロワーが「○○さんがいいと言うなら」「○○さんも行ってるから」と行動を起こしてくれそうだと思ってくれて、依頼に繋がりやすいのです。

また、言葉選びから人間性が伝わるので、企業側は安心して依頼できます。

④ 企業側の意図を汲んでくれる

企業にとって、商品やサービスの魅力を正しく伝えてもらえるかどうかは非常に重要なポイントです。

私は直接担当者さんに「どんな感じで載せましょうか」とお聞きすることもあります。実際、ホテルで聞いたところ、「うちのホテルはキッチンがお部屋に完備してあるのがウリなんです。みなさん、素敵な料理をアップしてくださるのですが、実際に作っている写真もあると嬉しいです」とおっしゃっていました。

ご要望の写真を撮影してアップすれば、企業の満足度はグッと上がるはずです。

しかし、「お任せしますのでいい感じに載せてください」とおっしゃる企業もたくさんあります。その際は「私がこの会社だったとしたら、どんなふうに載せてほしいだろう」と考えながら、投稿を作るようにしています。

⑤商品について分かりやすく説明してくれる

◆商品やサービスの要点がまとめられている　◆言葉選びがいい　◆写真からも魅力が伝わる　そんな投稿だと、依頼に繋がりやすくなります。

⑦ハッシュタグを自分でも考えてくれる

ハッシュタグを企業から指定されることはよくあります。しかし、担当者が詳しくない場合や、指定の言葉では拡散しにくいと判断した場合は、投稿者がハッシュタグを追加したり、変更を促すことで、企業からの信頼度がアップします。

⑪ 情報量が多い

あなたは次の2つのホテルのPR投稿のうち、どちらがより「気になる！」と感じるでしょうか？

A：写真は一枚。キャプションには「とてもいいホテルでした！」だけ。

B：写真が10枚。ロビーの雰囲気や部屋の広さが分かる。ホテルの住所、電話番号、チェックイン時間、アメニティの種類が書かれている。

Bの方がホテルのイメージが広がり、行ってみたくなりますよね。Aは情報量が少なすぎて、魅力が伝わりません。企業もBのような投稿を喜ぶはずです。

⑫ 企業アカウントやサイトへの導線がしっかりと組まれている

Instagramではキャプションに URLを貼り、サイトに飛ばすということができません（キャプションにURLを書くことはできますが、タップしてもサイトには飛びませんし、スマホからはそのURLをコピーすることもできません）。

ではどうしたら企業サイトに誘導できるかというと、投稿内で企業のInstagramアカウントをタグ付けすることで可能となります。キャプションに企業アカウントのIDを載せたり、画像にタグ付けをすると、タップするだけで企業アカウントに飛べるようになります。すごくいい内容なのに企業やお店への導線がない投稿をよく見かけるので、しっかりとタグ付けを意識してください。

⑬ 世界観が合っている

企業は商品やサービスの世界観に近いインスタグラマーにＰＲを依頼しようと考えます。そこで、もしも絶対にやりたいＰＲ案件があるなら、その案件の世界観に寄せた投稿をすると企業に見つけてもらえる可能性が高まります。「寄せた投稿」の作り方は次で詳しく解説します！

⑮ 信用できる

商品やサービスをＰＲしてもらうにあたって、信用できる人かどうかは非常に大切な部分です。ＤＭでのやり取りやコメントの返信で言葉遣いや態度に問題があると思われると、一気に信用を失ってしまいます。

常に誰かに見られているという意識を持って Instagram を使うことで、企業に不信感を抱かせるようなことはなくなります。

⑯ 動画も入れてくれる

画像だけでなく動画も入れると、情報量がグッと増えます。アプリを使えば、カットしたり、アフレコや字幕を入れたりといった動画編集も簡単にできます。最初は大変だと思いますが、慣れてくると簡単にクオリティの高い動画を作れるようになるので、経験がない方もぜひ試してみてください！

（ワーク）

あなたが思い浮かべる企業にとってのｗｉｎを書き出してみよう！

Memo

企業にとってのwinを書き出してみてください☆

例）スタッフの仲の良さを伝えてほしい

7 狙った案件を手に入れるテクニック①～欲しい案件に寄せた投稿作り～

旅行、美容、ホテルなど欲しい案件は決まりましたか？　ＰＲ案件がたくさん入ると、Instagramがより楽しくなると思います。

しかし注意してほしいことがあります。実は、ジャンルによって案件の難易度が違うのです。フォロワー数が多くなくても依頼が来るジャンルもあれば、フォロワーが増えてもなかなか依頼が来ないジャンルもあります。ジャンル別難易度を図にしてみましたのでご覧ください。（アカウントの内容や、子どもの有無、年齢などでも難易度は変わってきます）

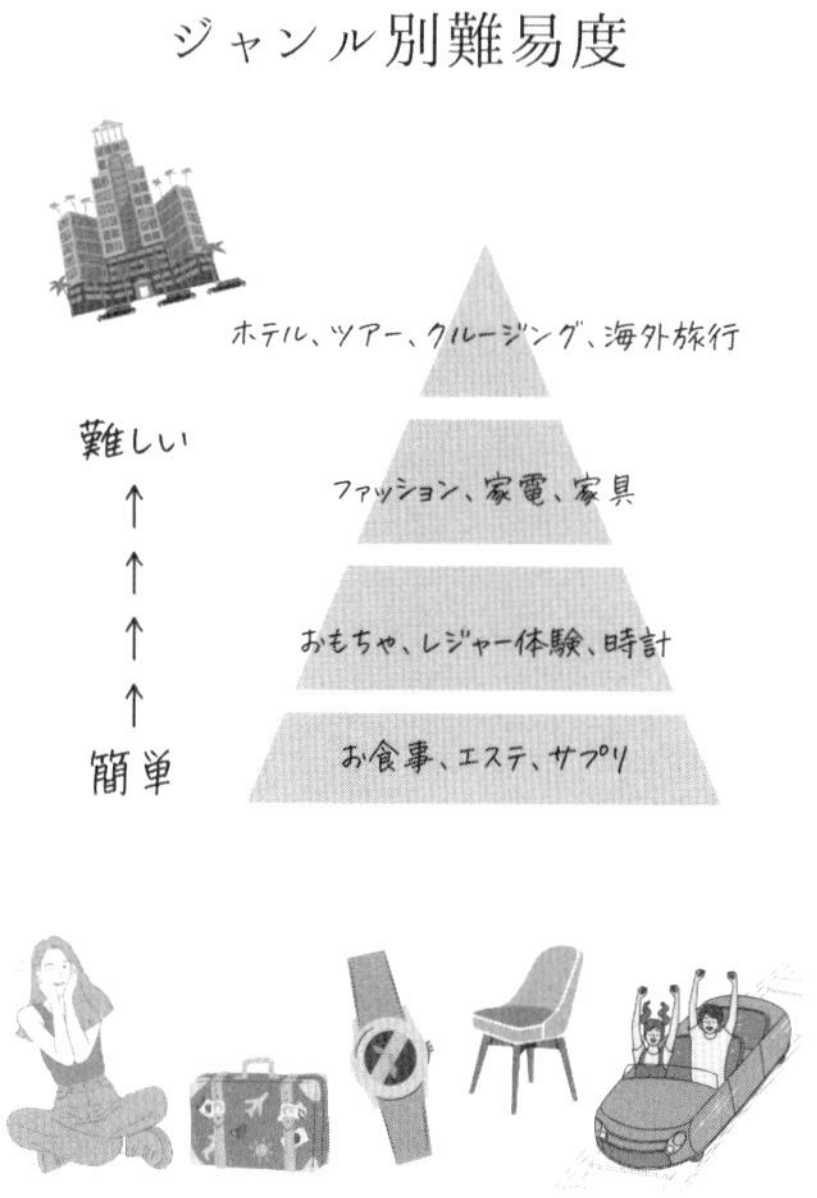

では、狙ったジャンルの案件を獲得できる可能性がグッと上がるテクニックを2つご紹介しますね！

まず1つは、普段から自分が欲しい案件に寄せた投稿をすること。「寄せる」とは「PR風の投稿をする」ということです。例えばグルメの案件が欲しいなら、プライベートで行ったレストランの投稿を何度も作るんです。

企業やお店は、限られた予算の中でどのインフルエンサーに依頼しようか考えています。なので、日常の投稿だけの人よりも、PR風の投稿をアップしている人のほうが「依頼すればこんな風に投稿してくれるだろう」と予測できて、依頼に繋がりやすくなるのです。

私はあるときファッション系のPR投稿をリサーチしてみました。

ちなみに、PR投稿には「PR」、「#PR」、「プロモーション」といった、PR案件であることを示す表記が必須なので、目印にしてくださいね。（現在は「タイアップ投稿」という表記でもOKとしている場合もあります）

リサーチする時、次の点に注目しました。

◆どんな写真を載せているか？　◆どんなキャプションを書いているか？

◆どんな色合いか？　◆どんな情報を入れているか？

その上で、ほかにどんな要素を入れると3者のwinが満たせるかを考えて、自分の全身コーデの投稿を作りました。

※こちらの写真に載っているものは
すべて企業からいただいたものではなく、私物です。

私が追加で入れたのはこんなポイントです。◆バッグに長財布が入るということ ◆価格 ◆マチ ◆自分の身長とサイズ

この投稿をした数日後、なんとバッグの案件をいただき、さらに毎月好きな洋服やセットアップがもらえる案件も決まりました。すごいと思いませんか？ Instagramのスピード感にも、工夫次第でこれほど結果が変わることにも驚きました。

ぜひみなさんも、案件のジャンルを決めてPR風の投稿を作ってください！

8 狙った案件を手に入れるテクニック②～差別化アピール～

２つ目は自分の差別化ポイントを企業にアピールすること。実は案件を受けるときに、企業に直接自分をアピールできる場合があります。

ＰＲ案件のオファーがくるルートは大きく分けて次の３つに分類されます。

①コミュニティ内で案件をもらう
②Instagram のＤＭ（ダイレクトメッセージ）に依頼が来る
③ＰＲ仲介業者のサイトから案件に応募する

①コミュニティ内で案件をもらう

私が実際にやっている方法です。私は、自分が主宰する「インスタ講座」の卒業生しか入れない「継続サロンＭｔ．」というオンラインサロンを運営していて、私に来た案件で好条件のものなどをメンバーに提供しています。

しっかり学んでくれた生徒さんだけなので、技術面でも人としても信頼でき、安心して案件を紹介できます。ホテルやグルメの案件などは一緒に行くこともあります。

②Instagram のDM（ダイレクトメッセージ）に依頼が来る

こちらがフォローしていないアカウントからのDMは「リクエスト」というボックスに入るので、依頼がないか、こまめにチェックするようにしてください。

③PR仲介業者のサイトから案件に応募する

これが一番早いと思います。ジャンルもいろいろ揃っているので、好きなものに応募して、採用されるのを待ちます。応募のときにコメントを入れられることがあるので、自分の差別化ポイントをアピールすると選ばれる可能性がグッと上がります。そのためにはまず人とは違う自分だけの差別化ポイントを把握する必要があります。私の場合だとこんなところが差別化になります。

◆経営者 ◆子どもがいる（中学生の女の子、小学生の男の子）◆店舗を持っている ◆ハンドメイド作家 ◆写真を撮るのが得意 ◆神戸在住、大阪と東京に住んだことがあり京都にもよく行く ◆文字入れ加工投稿をしている ◆動画での紹介も可能 ◆女子旅、親子旅、3世代旅の提案が可能 ◆インスタ講座の開講が可能 ◆車の運転ができる　など。

ただし、毎回すべてをコメントに盛り込むのではなく、案件に応じてアピールポイントになるものだけを入れてください。例えば、私が北海道のホテルの案件に応募したときは、次のようなコメントを書きました。

初めまして。ワーケーションをしながら働いております大久保舞と申します。北海道へは行ったことがないのですが、車の運転ができるためレンタカーを借りてホテル周辺の観光を含めたご紹介ができます。ホテルやスタッフさんの素晴らしさと共に北海道の広大な景色と美味しい食べ物をユーザーの方へ届けたいと思います。

女子旅、親子旅、３世代旅、インフルエンサー仲間との旅などもご提案することが可能です。比較的、自由に行動スケジュールが組めるため日程調整もお気軽におっしゃってください。

見てくださる方に分かりやすいように文字入れ加工をしたり、動画に音声や文字を入れてご紹介しております。

現地でInstagram講座の開催も可能ですので必要でしたらお声がけください。

（このように応募したところ、まさにこの本の執筆中に北海道ニセコのホテルからオファーをいただき、３泊４日で人生初の北海道上陸をしてきました）

差別化要素に加えて自分の想いも盛り込めばあなただけの魅力的な応募コメントが出来上がります！

（ワーク）　自分だけの差別化ポイントを書き出そう！

Memo

自分の差別化ポイントを
書き出してみてください☆

例）写真を撮るのが得意

9 PR案件の落とし穴

企業の依頼で商品やサービスを無料で試せるのはとても楽しいです。

しかし一方で、たくさんPR案件が来る人が必ず感じる困りごとがあります。

まず1つはPR投稿によって世界観が壊れてしまうこと。Instagram で世界観はとても大事です。フォロワーが多いインスタグラマーのアカウントは世界観がしっかり保たれているものが多いです。

しかし、PR投稿をなんでもかんでも受けていると、この世界観が壊れてしまい、アカウント運用に悪い影響を与えてしまいます。

私が考える「世界観が確立されている状態」とは「○○さんっぽいよね！」とほかの人から言われることです。

私はある神戸のインスタグラマーさんが大好きなのですが、たくさんの人の投稿と一緒に紹介されたその人の投稿を見て「あ！　あの人の撮った写真だ！」とすぐに気づきました。これがまさに世界観が確立している状態です。

では「○○さんっぽいよね！」と言われるほどの世界観を作るには、どんなことに気をつけたらいいのでしょうか。必要なのはこの3つの要素です。

参考までにフォロワーが1万人になるまでの私の設定をご紹介します。

◆投稿のテーマ　◆カラー　◆イメージ

◆投稿のテーマ：顔出しをしているハンドメイド作家×Parisや神戸のイメージ×店舗経営の3つ

Instagramは投稿が3列で並んでいます。そこで、テーマは3つまでならサムネイルがごちゃごちゃにならないと言われています。

お店をオープンした当初、まだ顔出しをしているハンドメイド作家さんが少なそうだったので、まず「顔出し」をテーマにしました。元々写真は大嫌いでしたが、作り手の顔が見えるほうがいい！　と苦手な顔出しに挑戦しました。

2つ目を「Parisや神戸のイメージ」にしたのは、お店の屋号を「Paris♡Flower（パリスフラワー）」にしているくらいParisの雰囲気が大好きだからです。

3つ目を「店舗経営」にしたのは、当時、店舗を持つハンドメイド作家が少なく、差別化ポイントになると考えたからでした。

◆カラー：明るいカラフル、白、ピンク。黒は使わない

カラーは洋服、撮影小物、背景などに反映させます。

私の場合は明るいパステルにしようと考えていました。黒は使わないと決めたので、撮影のときに間違えて着ていかないように、たくさん持っていた黒い洋服を手放しました。黒い服を買うこともなくなりました。

Instagram は視覚から得る情報量が多いＳＮＳなので、カラーを決めるのは世界観を作る上でかなり有効です！

◆イメージ：お花、笑顔、楽しい、明るい、女性らしさ

睡魔に襲われるギリギリまで仕事をして、メイクすら落とさず眠りにつく……どちらかというと男っぽい性格の私ですが、お花を扱う仕事なので、女性らしさをイメージとして選びました。髪を伸ばして巻いたり、スカートを履いたりと、常にイメージを守れるように意識していました。

ただ、このイメージを徹底したことで、「大人しそう」「喋らなさそう」「お高く止まってそう」という、悲しいイメージがついていたことを後から知りました。

写真だけの発信では、このように思わぬ方向にイメージがつくこともありま

す。それを防ぐには動画やインスタライブでも発信するのがおすすめです。動画だと、人柄や話し方といった、写真では伝わらない情報を伝えられます。私の「大人しそう」「喋らなそう」「お高く止まってそう」というイメージが「面白い」「よく喋る」「関西弁」に変わったのも、インスタライブがきっかけでした。

最初にこれらの設定を決めておくと、世界観を出しやすくなるだけでなく、投稿や撮影の際に判断基準がしっかりするので迷いが減り、とても楽になります。ＰＲ案件を受ける際にも「設定したテーマ、カラー、イメージに合わない案件は受けない」という勇気を持ちましょう。

私の世界観の基準で考えるなら、ラーメン屋さんからオファーが来たとしても、そのお店がParisや神戸のような雰囲気でないと受けません。カラーについても、器が黒ければオファーはお断りします。器は絶対に写真に写り込むからです。

もちろん普段はラーメンも食べますし、ストーリーズにはアップします。ラーメンがダメというわけではなく、あくまで自分の世界観を崩さないためです。

インスタ講座でも世界観は最初にじっくり時間をかけながら考えていきます。

ただし、一生変えてはいけないわけではありませんし、悩みすぎてなかなか決められないのももったいないので、「また変えられる」という気楽さで、まずはざくっと決めて運用してほしいと思います。

（ワーク）　あなたのInstagramの世界観を決める3つの要素を設定してみよう！

世界観を決める3つの要素を書き出してみよう！

投稿テーマ

カラー

イメージ

よくある悩みの２つ目はサムネイルの写真が決まらないことです。サムネイルとは投稿の１枚目の画像のことをいいます。

「ＰＲ案件とはいえ世界観を守らないといけない」と考えると、どんな写真を使えばいいか困る人が多いんです。実はこれが意外と厄介。

なぜならＰＲ案件では「商品到着から１週間以内に投稿してください」というように〆切が決まっているものが多いからです。依頼をたくさん受けている人は当然〆切がいくつもあるので、１つの投稿に時間をかけている暇はありません！

そこでＰＲ案件はサムネイルのイメージが固まってからオファーを受けるようにすれば、商品到着後にスムーズに投稿ができます。たまにオファーの際にもらった商品説明の写真と実物の色味が違い、サムネイルを考え直すこともありますが、たいてい写真と大差ありません。

企業によっては投稿日の相談に乗ってくれることもありますので、指定された日に間に合いそうにない場合、早めにお伝えするようにしましょう。

３つ目は怪しい企業に翻弄されること。

ＤＭに依頼が来ても、なんとなく文面から怪しそうと感じることがあります。

ＰＲ案件を受ける際、こちらの名前、住所、連絡先、報酬がある場合は口座情報を伝えるので、怪しい企業に情報を渡すとトラブルになることもあります。

ちょっとでも怪しいと思ったら、聞ける人がいる場合はまず聞くのが安心です。いない場合はネットで社名を検索してみましょう。また、ご自身でこんな点も確認してください。

・ＤＭを送ってきたアカウントは問題なさそうか？
・会社ＨＰには事業体が記入されているか？
・送られてきた文章はおかしくないか？
・お金を先に出すような契約はないか？
・企業からの支払いのタイミングはいつか？
・契約がある場合、中身に問題はないか？

一番注意してほしいのが契約の有無です。特にこちらがお金を出すような案件は受けないことをおすすめします。

また、仲介会社を通して案件を探す際も同様に注意が必要です。サイトに登録する際もこちらの個人情報を記入することになるからです。

「ここに登録して大丈夫かな？」と不安を感じる会社も中にはあります。

実際に私が案件をもらった優良な会社名を、こちらに記載するのは難しかったので公式LINEにご登録いただいた方にお伝えすることにしました。
もちろんこちらは無料ですのでご安心ください。
こちらのＱＲコードをLINEの友達追加から読み込んでいただき、ご登録後に【特典】と送ってください。

以下のQRコードをLINEの友達追加から
読み込んでいただき
ご登録後に【特典】と送ってください。

@356cwnck

https://lin.ee/BIJRZ6C

ＰＲ案件を悪用する業者がいるのは非常に悲しいですが、「自分の身は自分で守る」を心がけましょう！

実際にクライアントとどのようなやり取りを行えばいいか分からない方も多いと思いますので、モデル例を載せました。参考にしてください。

PR 1DAY講座のスポンサーになってくださった
神戸三宮にある神戸牛みやびさんと一緒に
クライアントとのおすすめな
やりとり方法をお伝えします☆

関西を中心に
41店舗展開する
吉祥吉グループ
2022年現在

DMに来た
PR依頼文と返信例

← 神戸牛/三宮...
オンライン中

初めまして！素敵な投稿が目に留まり
ご連絡させて頂きました。
吉祥吉グループの神戸牛みやびという
お店を経営しております店長の○○です。
今回新しくランチメニューをスタート致しました！
大久保舞様をぜひご招待させていただき、
インスタグラムへご投稿を賜りたくご連絡致しました。
以下、製品と投稿の詳細です。

==【お店】==
📝インスタアカウント
@kobebeef.miyabi
📝ご提供メニュー
神戸牛みやび　ランチステーキ重
==【ご投稿】==
📝投稿箇所
・フィード
・ストーリー（メンション付き）
📝投稿日
ご来店より１週間以内
📝タグ付け
@kobebeef.miyabi
📝ハッシュタグ
#神戸牛 #神戸三宮 #神戸ランチ #pr

お連れさま１名までお越しいただいて構いません。
ご検討宜しくお願い致します。

神戸牛みやび　様

ご連絡ありがとうございます。
私のお店も三宮にありますのでよく前を通ります☆
いつも沢山の方が並んでいるのを目にしては行きたいと思っておりましたのでとても嬉しいです！

喜んでお受けしたいと思います！
よろしくお願いいたします。

直近ですと
○月○日　11:00~13:00
○月○日　12:00~13:00
○月○日　11:00~12:00

が空いております。

また、ご都合教えて頂けましたら
日程を決めていきたいと思います。

引き続きよろしくお願いいたします。

大久保

～DMにて日時を決定～

大久保　様

早々にご連絡頂き
ありがとうございます！
この度はお引き受け頂けるとのこと
スタッフ一同とても嬉しく思います。

では、さっそく日程を
決めていきたいと思います。

ご提案頂きました
○月○日　11:00

にお越し頂けたらと思います。
当日は2名でお越しになられますか？

神戸牛みやび

神戸牛みやび　様

ありがとうございます！
かしこまりました＾＾

○月○日　11:00

に2名でお伺いさせて
頂きたいと思います。

当日は
どうぞよろしくお願い致します。

大久保

～PR 実施日 当日入店時～

※当日は時間に遅れないように前もって場所などの確認をしておく。
※もし、遅れてしまう場合は必ずお店に連絡をする。

到着後、お店に入り店員さんに声をかけましょう！

例）
大久保：インスタグラムのPRでお伺いさせていただきました大久保と申します。よろしくお願い致します。

店員：ありがとうございます＾＾ではこちらの席にどうぞ！

大久保：ありがとうございます！　撮影してはいけない場所、撮影してほしい場所、内容などはございますか？

店員：撮影してはいけない場所は特にありません＾＾
メニュー内容が分かる写真や美味しそうに食べてくださっている写真などがあると嬉しいです！

大久保：かしこまりました＾＾写真や動画でユーザーにお伝えできるようにがんばります♪

～食事から投稿まで～

大久保：今日はありがとうございました＾＾
とっても美味しかったです！！！
また投稿させていただきますのでご確認よろしくお願い致します☆

店員：ありがとうございました！投稿楽しみにしております☆

※投稿前に下書きを提出してくださいとおっしゃるクライアントもいます。
※投稿時タグ付けをするとクライアントに通知がいきますが、一報入れるとさらに良いです。

parisflower202bmとkobebeef.miyabi
神戸牛みやび　サンキタ店
かおりママと来たよー♡
毎回爆笑であっという間の時間♪

parisflower202bmとkobebeef.miyabi
神戸牛みやび　サンキタ店
ぎょーーーーーん！！！
ハロウィーン(笑)！！
可愛かった黄身ちゃんが。。

～PR投稿後、企業へ報告～

神戸牛みやび　様

先日はありがとうございました！
とってもおいしい神戸牛でビックリしました！！

メニュー内容がわかる写真や美味しそうに食べてくださっている写真があると嬉しいと伺っておりましたので本日参考にさせて頂き投稿させて頂きました＾＾

ハッシュタグが４つしか指定されていませんでしたので、適切なタグを追加させて頂きました☆こちらも含めお手隙の際にご確認頂けましたら幸いです。

この度は、お声がけ頂き本当にありがとうございました。
またご縁がございましたら、よろしくお願い致します！

大久保

大久保　様

拝見させて頂きました！
とっても素敵な投稿をありがとうございました！

ハッシュタグも考えつかないものばかりでしたので助かりました。
大久保様にお願いして本当によかったです。

また次の新メニューの際もお願いしたいと思いますのでよろしくお願い致します。

神戸牛みやび

以上でお仕事完了です！

Part 3

売上UP！
Instagramを
集客に活かそう！

1 Instagramの集客で月商700万円達成！

私はハンドメイドのお店をオープンしてから今に至るまで、ずっとInstagramで集客し続け、月商700万円を達成しました。その実績をご紹介します。

◆ハンドメイドのお店

ご来店いただだいたお客様と一緒に写真を撮ってアップしていた頃、「友達がInstagramに写っていて、すごく可愛いハーバリウムボールペンを見せてくれたので、安心して予約できました！」と来店してくださった方がいました。

また、Instagramの「発見欄」（アルゴリズムがおすすめする投稿一覧）で私の投稿を見つけて、レッスンをしていることを知ったカップルが、結婚式で親御さんに渡すハーバリウムを作りに来られたこともありました。

◆起業講座アカデミー

起業したい方向けの講座をオンラインで開いていていました。1期、2期と20人くらい集客することができました。以前はアメブロでも発信していましたが、ブログの形式が楽しいと思えないのと、時間がかかりすぎてしまうところが自分には合わないと思って途中でやめました。結果、1期、2期全ての受講生をInstagramから集客していました。

◆インスタ講座

Instagramをすでに使っているけれど上手く運用できずお悩みの方に向けて、運用方法を教える講座を定期的に開いています。現時点で3期まで開講していて、述べ30人ほどの受講生さんに入塾いただきました。

◆ビジネス講座

Instagramを活用してビジネスをしている人向けのマンツーマンの講座で、これまで10人ほどの方に受講いただいています。この講座はフォロワーが1万人以上いる人限定で、1万人未満の方にはまずはインスタ講座を受けてもらっています。インスタ講座を卒業されてから入る方もいらっしゃいます。

講義内容はカリキュラムが決まっているわけではなく、個人に合わせてカスタマイズしています。

◆オンラインサロン

インスタ講座を卒業した方だけが入れるオンラインサロンを運営していま す。現在、20人ほどのメンバーがいます。定期的にオンラインで情報を共有したり、リアルで集まったり、ＰＲ案件で旅行に行くときにサロンメンバーさんをお誘いしたりしています。私からもっと学びたい、相談したいと思ってくださる方が集まるサロンなので、みなさん成長意欲があり、私にとってもすごく刺激的で、日々、学びのアウトプットの場になっています。

◆１day講座

私の講座は数ヶ月の長期のものがメインですが、時々、１日だけの講座を開いています。２０２１年の10月に開催した「本格ＰＲ案件講座」では、５５００円〜４万４０００円の受講コースを用意し、合計で１３０人以上の方に参加していただきました。単価が高いにも関わらず「ストアカ」週間ランキング２位をいただきました。

また、インスタ講座の２期生を募集するときに、説明会も兼ねて１ｄａｙの講座を開いたときには約20人ほど集客できました。

◆無料コミュニティ100Nc（ひゃくえぬしー）

2022年が残り100日となった2022年9月23日にスタートさせたコミュニティです。「毎日新しいことにチャレンジし、2022年12月31日に最高の自分に会おう！」をコンセプトに、82名が集まりました（2022年10月現在）。

「Instagramを運用してみて、思うように成果が出なかった」「今からでは遅いのではないか」と思う方もいるかもしれません。でも大丈夫です。正しい方法で運用すれば、今からでもどんどん集客できるようになります

2　起業家はInstagramで発信すべき！　その6つの理由

①　無料で使える

まだ起業したてで資金がない起業家でも、無料で認知を広げたり、集客ができれば助かりますよね。私がお店を開いたときも、広告を打ちたくてもお金がなかったので、オープン前の段階からInstagramで発信していました。

お金をかけずに集客したいという方には特におすすめです。

②拡散が速い

投稿がバズると数千、数万の人に届き、認知を一気に広げることができます。この拡散の速さはInstagramの強みです。起業初心者でも、まだ無名の人でも、多くの人に自分のビジネスを知ってもらうチャンスがあります。特に、今一番拡散力がある機能はリール（Part 1参照）なので、ぜひ活用してくださいね。

③反応が早い。反応してくれる人が多い。

Part 2でも書きましたが、欲しいと思った案件に寄せた投稿をするだけで、すぐにオファーが来るスピード感にはいつも驚きます。そのおかげで、ＰＲの研究を始めて約6ヶ月間で40以上のホテルからオファーをいただきました。

仕事の関係でブログも並行して利用していた頃、ブログの反応の遅さにビックリしました。Instagramは初心者でも10日間連続投稿して「いいね」が1つもつかないことはめったにありません。この「反応がある」「早い」というのは、起業家にとって、とても大事なポイントです。

④ 幅広い世代に使われている

Instagram のユーザーは女性はもちろん、男性で使っている人も多く、年齢も若い方からご年配の方までさまざまです。だから、若い女性以外をターゲットにしたビジネスでも集客ツールとして役立ちます。

⑤ ファンが作れる

Instagram は画像、動画、文章、ライブ配信、DMなど、多方面から自分について伝えることができるので、ファンを作るのに適したツールです。

同じような色味や加工の画像を投稿し続けることで、自分ならではの世界観も作れます。私もファンがたくさんでき、ハンドメイド、オンラインレッスン、インスタ講座など、事業が変化してもずっと投稿を見てくださっています。

Instagram でファンを作る方法については Part 4 で詳しくまとめています。

⑥ テストマーケティングができる

商品やサービスを本格的に始める前に、試験的に小さな規模で試すことができます。

Instagramは、新しいビジネスのアイデアが頭をよぎったときに、需要があるか確認するのに適しています。③で書いたように反応が早いからです。

需要があることが分かれば本格的にプロジェクトを進めればいいですし、なければ辞める決断もできるので、リスクを最小限に抑えることができるのです。

3 Instagramで売上ゼロからV字回復

月商700万円を達成するなど、成果を出してきた私ですが、実は売上がゼロに落ち込んだことがありました。新型コロナウイルスが流行り出したときです。

当時、私はハンドメイドのお店を構えていましたが、広さが十分ではなく、ソーシャルディスタンスを守るのが難しいため、お店を閉めることにしました。きっとすぐに収まるだろうと思っていたのですが、どんどん状況は悪化していき、再開の目処が全く立たない日々でした。

作品を卸していた百貨店や商業施設も、軒並み閉鎖。企業や百貨店での出張レッスンもすべて無期延期。すべての販路が絶たれてしまい、まさに絶体絶命の大ピンチ。しかし、こんなところで起業家人生を途絶えさせるわけにはいきません。そんなときに思いっきり力を入れ出したのがInstagramだったんです。「オンラインを経由して、売上を立てることはできないか？」と思考ををシフトし、思いつく限り行動をしていきました。がむしゃらに行動した結果、売上はV字回復。さらに、今の売上の基盤となるオンラインの販路が出来上がりました。

4 ゼロから20日で100万円の売上が達成できた具体的な方法

売上が全くなくなり、お店やレッスンの再開の目処も立たず、途方に暮れていた頃、ちょうど国から個人事業主に100万円の給付金が配られることになりました。そこで、スタッフと「まずは自分たちで思いつく限りのことをすべてやってみよう。それでダメなら100万円をいただこう」と決め、ありとあらゆることにチャレンジすることにしました。

結果、わずか20日で売上100万円を突破し、オンラインのすごさを目の当たりにしました。Instagramの可能性に気づいた瞬間でした。もちろん給付金の対象からは外れることとなりました。

私が売上100万円を突破するまでの具体的な行動をご紹介します。

◆レッスンをオンライン化

まず、お店で開催していたレッスンをオンライン化しました。

オンラインレッスンの方法は2通りあります。

1つ目はZoom（オンライン会議ツール）で教える方法です。画面を通して対面レッスンのようにリアルタイムで制作方法を教えます。

2つ目は動画販売です。レッスンの様子を収録した動画を、生徒さんに好きなときに見ていただきます。制作に必要な材料は別で送るので、お友達と申し込んで一緒に動画を見ながら作ることもできます。

動画販売のメリットは、時間に縛られないことです。リアルタイムのレッスンの場合、時間が合わなければ諦めるしかありませんが、動画販売なら好きな時間に取り組めるので、興味を持ってくれた人を取りこぼすことがありません。

◆布マスクを販売

コロナが流行り出してからマスクをするのが日常になりましたが、私には不織布のマスクをつけると肌荒れしてしまうという悩みができました。布マスクをすすめられましたが、当時は種類も少なく、好みのデザインも見つかりません。

そこで、おしゃれで肌に優しい理想の布マスクを自分で作ろうと考えました。

実現に向けてまず行動したのが、Instagramでの予約販売。まだ製品はできていませんでしたが、需要を知るという目的も兼ねて発信してみました。すると、「私も好みの布マスクが見つかりません！」「不織布で肌荒れが止まりません」など、たくさんのコメントやＤＭが届きました。さらに「マスクが買えない」「医療現場なのにマスクが足りず、使い回していて不安」という悲痛な声もたくさん届いたんです。予想を遥かに上回る反響でした。

しかし、大きな問題が。理想のデザインは思いついているのに、私にはそれを作るノウハウがない。ミシンなんて家庭科の授業以来使っていません。ハーバリウムは作れても、布マスクの作り方は分かりませんでした。

そこで、ママ友に連絡し、裁縫が得意なその方のお母さんに、私の作りたいデザインや想いを伝え、試作品を完成させました。その写真をInstagramに投稿したところ、「可愛い！」「ぜひ販売してください！」とコメントやＤＭが殺到したのです。予約の段階で７００人以上の方が待ってくださっている状態に。

こうなると1人の力では限界があります。そこで、アパレル業界で働いていた知り合いに声を掛けました。当時、この業界もコロナで打撃を受け、大手の店員もたくさんリストラされていました。そんな仕事を失ってしまった方や、子育て中で時間があり裁縫が得意な方を10人ほど外部雇用しました。

Instagramのおかげで数千枚を販売し、売上を作ることができただけでなく、雇用まで生み出すというすごい成果を生んでくれました。さらには、DMをくださっていた医療関係の方経由で、縫い目が少し斜めになっただけのB級品を、兵庫県の病院にすべて寄付することができました。

このように、浮かんだイメージや構想を、まだ大きなリスクを背負う前に発信することで、テストマーケティングができるのもInstagramの強みです。

◆インスタライブでフラワーボックスを販売

母の日が近づいてきた頃、フラワーボックスを販売することになり、即興で作る様子をインスタライブで配信する試みをしました。テレビで商品を紹介しながら販売する「ジャパネットたかた」のInstagram版のような感じです。

実は、今でこそ1週間に5回インスタライブを行うこともありますが、もともととはとても苦手で、1年半ほど苦手意識が拭えなかったこともありました。

でも、このときに克服することができました。絶体絶命のピンチに陥り、あらゆることにチャレンジすると決めていたのが大きかったと思います。

視聴者さんとコメントを通して、どんなボックスにしたら綺麗に仕上がるか相談しながら作ったところ、見てくれた人が商品を注文してくれました。

売上がゼロになっても立ち止まらずに、Instagramでビジネスのオンライン化を進めたところ、売上は右肩上がりとなり、コロナ禍真っ只中にも関わらず2021年3月31日に法人化し、株式会社を設立することができました。

5 実店舗の集客ツールとしての使い方

Instagramは実店舗の集客にも役立ちます。私がハンドメイドの実店舗の集客のためにInstagramで発信していた内容をまとめてみました。

◆どんな商品を扱っているか　◆新しい作品の紹介　◆ご来店いただいたお客様との写真　◆お店でのレッスンや出張レッスンのレポート

「Instagramを見て来ました」「Instagramに友達が写っていたので予約しました」と言ってくださるお客様がたくさんいて、その多さにビックリしました。

いつもの業務をしながらInstagramを更新するのは大変だと思います。しかしコツコツ発信すれば、誰かが投稿を見つけてくれて、来店に繋がります。

それに、順調なときこそInstagramを育ててフォロワーやファンを増やしておけば、思いがけない事態が起こっても私のようになんとか対処できます。

ぜひ、Instagramを店舗の集客ツールとして積極的に活用してくださいね。

6 写真で表現しにくい業種でも問題ない！

Instagramは写真が投稿の大部分を占めるSNSです。そのため、ビフォーアフターを載せられる美容系や作品を見せられる料理教室など、写真でビジネスの良さを伝えやすい職種の集客にはぴったりです。

ただし、こうしたジャンルでなくても、正しい方法で運用すれば集客に繋がります。私もインスタ講座や起業コンサルなど、写真では魅力を伝えにくいビジネスですが、たくさんInstagramから集客してきました。

写真からは伝えにくいビジネスをしている人がInstagramから集客するためにぜひ取り入れてほしいことを2つご紹介します。

◆ノウハウを紹介する

ビジネス系で伸びるアカウントは惜しみなくノウハウを出しています。

例えば子育てコーチなら、子どもが良くない言葉を使ったときの注意の仕方や、反抗期が辛いと思ったときの対処法などをキャプションに書いたり、リール動画で発信することで、子育てに悩む人がフォローしてくれるようになります。

無料のInstagramで濃い内容を伝えれば、あなたの商品やサービスへの期待値が高まるので、情報は出し惜しみせず、どんどん公開するのがおすすめです。

◆サムネイルに「文字入れ」をする

写真で紹介しにくいジャンルのビジネスは目を引くようなサムネイル（投稿の1枚目の画像）を作ることが難しいです。

そんなときは文字投稿や文字入れ投稿をしましょう。文字投稿とは、画像制作アプリなどで、文字だけの画像を作ってアップすることです。文字入れ投稿とは画像に文字を入れてアップすることです。1枚の画像から伝わる情報量が多くなりますし、ハッシュタグ検索や発見欄などで目立つようになります。

参考までに競合相手がどんな文字の入れ方をしているか調べてみてください。

7　なりたい自分になれるプロフィール術

Instagramはあなたの存在を知ってもらえるだけでなく、なりたい未来を記載することで、現実になる可能性があります。

でもそれは、ただアカウントを持っているだけでなれるわけではなく、あるコツがあります。それは、アカウント名やプロフィールにあなたのビジネスやサービス内容についてしっかりと書くことです。

アカウント名は検索に引っかかります。例えば、虫メガネマークの検索欄に「料理教室」と入れると、名前に「料理教室」が入っているユーザーが検索結果に出てきます。その機能を利用し、アカウント名にあなたのターゲットが検索しそうな言葉を詰め込むことで、見つけてもらえる可能性がグッと上がります。

また、プロフィールにはあなたが提供しているサービスや、これからしたいと考えていることを書きましょう。

ハンドメイドの出張レッスンをしたいと思っていた頃、高級自動車メーカーからレッスンの依頼が入りました。少し前にプロフィールに「企業への出張レッスン可」と書き足したところだったのです。その言葉がメーカーの担当者の目に留まったことで、お仕事に繋がりました。

もし私がお店のことだけを書き、レッスンについて触れていなければ、担当者はわざわざ出張レッスンが可能か聞いてこなかったはずです。

このように、少し手間を加えて工夫することで、仕事の依頼に繋がる可能性が上がるので、名前とプロフィール欄には提供しているサービスやこれから受けたい依頼、なりたい肩書きなどを書いておきましょう。

プロフィールはたくさん書いても最初の数行しか表示されず、すべて見るには「続きを読む」を押さなければいけません。そこで、特に大事な言葉はプロフィールの序盤か、すべて表示されるアカウント名に入れるのがおすすめです。

Memo

ターゲットはどんなワードを検索しそうか
書いてみてください☆

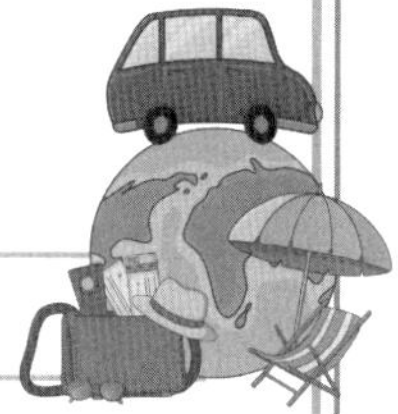

例）ワーケーション

Memo

あなたが提供しているサービスを
書いてみてください☆

例）Instagram動画教材

Memo

これから依頼を受けたいサービスを
書いてみてください☆

例）SNSラボ

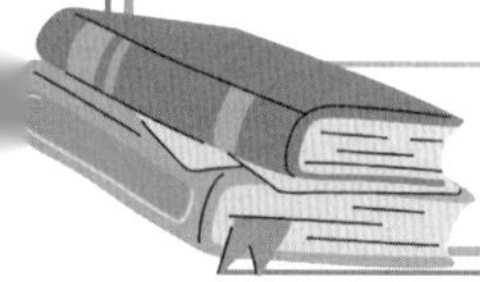

8 Instagramで集客できない理由①～ファンが少ない～

Instagramで集客しているけれど、成果がない、という方もいると思います。そこで、集客できない理由とその対処法をご紹介します。

1つはファンが作れていないことです。「フォロワーが1万人いても全く集客できない」という話をよく聞きます。そもそも「フォロワー＝ファン」ではありません。ただ誰かがおすすめしていたから、○○さんとコラボしていたから、おすすめに出てきたからといった動機でフォローしてくれただけだったりします。

ただのフォロワーではなく、さらにファンになってくれれば（ファン化）成果に繋がるようになります。

Part 4でも詳しくご紹介しますが、ファン化するポイントはユーザー目線で発信をすることです。頻繁に投稿しているのに濃いファンが作れないのは、ユーザーにとって有益な情報を発信できていないからです。「ためになる」「もっとこの人から学びたい」と感じる投稿を続ければ、ファンも増えるでしょう。

ユーザーにとって有益な情報を提供できているかは、「保存数」で判断します。これは投稿ごとにあるインサイト（いいね数や保存数を確認できる）で確認ができます。保存数が多いということは「また見たい」と思われている証拠。投稿したら毎回確認するようにしてください。

インサイトでは過去7日間、30日間、3ヶ月間、6ヶ月間、昨年、2年間、通算と範囲を指定して保存数を調べることができます。保存数が多い過去の投稿を分析すれば、どんなポイントを押さえると保存に繋がるのかが掴めてきます。

9 Instagramで集客できない理由②～ノウハウだけの投稿～

先ほど「集客のためにノウハウを惜しみなく出そう」と書きましたが、実はノウハウだけを投稿するのはNG。これはビジネス利用の方がやりがちな失敗です。

確かに、有益なノウハウを発信するだけでもフォロワーは増えます。しかしそれだけだと、「あなた」ではなく「情報」にファンがついている状態で、競合相手が同じような発信をすると、ユーザーがそちらに流れてしまう可能性があります。

海外に住んでいて現地の情報をいち早く発信できる人や、企業の最新情報をすぐに伝えられる上層部の人なら、ノウハウだけを提供してもユーザーは離れませんが、通常はノウハウだけの発信ではすぐに埋もれてしまいます。

「情報」ではなく「自分自身」のファンになってもらうには、ノウハウに加えて体験談など自分にしか語れない情報もしっかり入れることです。あなたの体験や経験は競合のアカウントには語れない貴重な情報です。

私も自分の体験談を織り交ぜることをすごく意識しています。ノウハウを載せるときは、私がそのノウハウを使って成功した実例を紹介します。売上がゼロになった経験まで赤裸々に伝えています。

同じジャンルだと、発信内容も似たようなものになりがちです。だからこそ、あなたにしか語ることのできない経験談を交えて差別化するのがおすすめです。

Memo

自分にしか語れない情報、経験を書いてみてください☆

例）売上0から20日で100万円突破達成

10 集客成功のポイント①〜集客投稿は控え目に〜

商品やサービスの販売をするときに意識しているのが、集客投稿はひとつの案件につき1〜2回だけということです。詳しいサービス内容や、募集概要などの発信を何度もすると宣伝色が強くなり、嫌がる人が少なくないからです。フォローを外されることもあります。しかも、発見欄やハッシュタグ検索の結果に表示されても、集客感満載の投稿では新しく見に来てくれる人もあまり増えません。

つまり、集客投稿ばかりだと、通りすがりで見に来てくれる人も、新しいフォロワーも増えず、既存のフォロワーも減っていくという悪循環に陥ります。

ですので、集客の投稿はしすぎないようにし、1〜2回の投稿だけで購入に繋げられるよう、申し込みフォームへの導線などを丁寧に作るようにしましょう。

11 集客成功のポイント②〜ストーリーズでガンガン告知〜

売上を上げるためにはたくさん告知をするのが鉄則ですが、何度も投稿するのは逆効果。そこでおすすめなのがストーリーズ機能です。

ストーリーズとは24時間で消えてしまう投稿のこと。通常の投稿はアップするとフォロワーのタイムラインに自動的に流れますが、ストーリーズはアイコンをタップしなければ見てもらえません。そのため、濃いファンか投稿内容に興味がある人だけが見るという特徴があります。

つまり、「見たくない人は開かない」「24時間で消える」ツールなので、集客目当ての投稿を頻繁にしても大丈夫なのです。

私もストーリーズをたくさん活用しています。講座の募集開始までのカウントダウンを設定したり、内容を伝えたりしています。また、募集開始後は、お客様からの嬉しい言葉を紹介したり、申し込みが殺到していることをアピールしたりすることで、募集開始を忘れていた人や、これまで傍観していた人をあおったりします。

ちなみに私は、新しい企画を思いついた段階から、ストーリーズで発信することもあります。募集期間だけでなく、できるだけ早くから発信することで、より多くの人を巻き込むことができます。

ただし、ストーリーズの投稿は24時間で消えてしまうため、詳しい内容や募集時期を把握しきれない人も出てくるでしょう。そこで、1つの案件に対して1〜

2回は商品やサービスについて詳しくまとめた、通常の投稿（フィード）をアップしましょう。フィードならいつまでも残ります。

集客をするときには、「集客用の投稿は1つの案件に対して1～2回」「ストーリーズでガンガン告知」のバランスが大切です。

「ストーリーズ」については、Part 4でも詳しくご説明します。

12　何年先でも成長し続けるアカウントにするための方法

Instagramを運用していると、投稿の仕方は特に変えていないのに急にいいねや保存の数が減るということがあります。

これはInstagramのアルゴリズムの変化に起因することが多いです。

アルゴリズムとは運営サイドがどんな投稿を拡散させるか、評価するかといったことを判断するルールのようなものです。アルゴリズムは定期的に変わり、その度に評価基準も変更され、投稿に対する反応が減ったり増えたりします。

アカウントを成長させ続けるためにはInstagramのアルゴリズムを攻略することが欠かせないと言われています。が、私はこれに加えてもう1つ大事なことがあると考えています。

それはユーザーのｗｉｎを追い続けることです。Part 2やこの Part の別ページでも触れましたが、ユーザーが求める情報を発信することは、どんなアルゴリズムのときでも重要で普遍的なことだと考えています。

では、いつの時代でもユーザーのｗｉｎを満たすにはどうすればいいでしょうか。

それは「今、ユーザーは何を求めているか」を、常に真剣に考え続けることです。答えは時代によって違います。

例えば、私が Instagram を使い始めた２０１８年頃は、いわゆる「映える」写真が人気でした。

しかし、今は、投稿に情報が求められる時代になっています。とはいえ、Instagram のユーザーは私も含め、文章を読むことに苦手意識を持つ方も多いです。そこで、画像に文字入れをする重要性が高くなります。もちろん今後、この価値観が大きく変わる可能性もあるでしょう。

ユーザーが求めるものはすごいスピードで変化していきます。それに乗り遅れると、頑張って投稿してもなかなか拡散されません。

ファンを増やし続けるためには、どんな時代でも常にユーザーが喜ぶことを考え続けましょう。

13 競合相手に負けない「アカウント設計」

フォロワーを増やすにあたって、とても大切なことがあります。それはアカウント設計です。たくさんのユーザーがいる中で、どうすれば伸びるアカウントを作れるかを戦略的に考えるものです。

企業が競合他社に埋もれないように差別化を図り、ブランディングするのは当然のことですよね。それと同じで、Instagram もブランディングが必要です。

また、最初にアカウントの方向性を決めることで、投稿の軸がブレて投稿内容に統一性がなくなることも防げます。私のインスタ講座でも、最初に受講生さんに専用のシートをお配りして、アカウント設計をしてもらいます。

アカウントの方向性を決めるときは、次のことを考えます。

◆Instagram を通して叶えたい未来

◆ターゲットが抱えている悩み

◆競合アカウントの特徴
◆競合アカウントと差別化できそうなところ
◆どんなデザインで投稿を作るか
◆発信内容の方向性

例えば、サロンを経営している人が、肌のことで悩んだ過去を発信するアカウントにしようと決めた場合、肌について人から言われて嫌だったことを赤裸々に投稿したり、お金をかけていろいろな化粧品を試したけれど効果がなかったという実体験を伝えると、同じような悩みを持つ人がフォローしてくれるでしょう。

また、同じサロンオーナーでも、「肌が綺麗になったことで生活が良い方向にガラリと変わったことをアピールする」とアカウント設計した場合、投稿内容は全然違うものになります。例えば、肌が綺麗になって自信が持てたことで恋愛にも前向きになった話をしたり、毎日のスキンケアを楽しそうに発信すると、毎日ワクワクしたいと考えている人を引き寄せることができます。

今回、公式LINEにご登録いただいた方限定で、アカウント設定シートをお渡しししています。インスタ講座の受講生さん用のシートよりは簡単な内容ですが、これだけでもアカウントの方向性が一気に明確になるはずです。巻末のQRコードからアクセスしていだだき、受け取ってくださいね。また、Instagram運用について発信している私の裏アカウントからでもLINE登録していただけます。

14 たくさんの人に見てもらえるデザインとは？

Instagramの運用に力を入れ出すと、「結局どんなデザインにしたらいいのか分からない」と路頭に迷うことがあります。その人のブランディングにもよるので、「これがいい！」と一概に言うことはできないのですが、私が意識していることで、どんな人にも参考にしていただきたいポイントをご紹介します。

◆画像には文字入れをする

投稿を作るとき、必ずと言っていいほど画像に文字入れをします。

Instagramのユーザーは長文を読むのが苦手な方が多い傾向にあるので、本文に情報を入れても「読むのが面倒だな」と思われる可能性が高いです。

そこで、画像の中に直接文字で情報を入れて、本文を読む手間をかけさせないようにすると、ユーザーの満足度を上げることができます。

◆画像に入れる文字は見やすさを重視

文字入れをするときに意識しているのが見やすさです。読みにくいのはユーザーのためになりません。

例えば、白い背景の上に薄い色の文字を乗せてしまうと読みにくいですよね。自分が気にならなくても、見ている人が気にする可能性があるものは直します。ただ文字入れをするのではなく、ユーザーにとって見やすいように文字を入れることを意識してみてください。

◆サムネイルに力を入れる

画像の1枚目は投稿の顔と言える場所。そのため、一番こだわっている部分で、時間をかけて作っています。裏アカウントを作る際も、リサーチに1ヶ月かけて、「これならほかの人と被らない」と思えるサムネイルのデザインを考えました。

ちなみに2枚目以降の画像についてはサムネイルほど気にしなくていいと考えています。必要最低限の情報があって、文字や画像をバランス良く入れ、カラーを使いすぎずに見やすいようにできていれば十分です。

もちろん、どの画像もサムネイルと同じくらい凝って作ることができれば理想的ですが、それでは時間がかかりすぎて継続するのが大変なので、サムネイルに一番力を入れるようにしましょう。

15 もしも新しいデザインの反応が悪かったら

気合を入れて投稿のデザインを作ったけれど、思いのほか反応が良くない……。これもよくある悩みです。

反応は投稿内容によっても左右されますが、どの投稿も反応が悪いときは、1ヶ月を目安にデザインを変えるのがおすすめです。これより短い間隔で変えてしまうと、プロフィールからあなたの投稿一覧を見たときにごちゃごちゃして統一感がなくなるので、少しの間は様子を見ましょう。

すぐに「アーカイブ」に変えるのも1つの手です。アーカイブとは、完全な削除ではなく、一時的に投稿を見えなくする機能です。

16 ターゲットを引き寄せるタイトルとは？

サムネイルはあなたの投稿をたまたま見つけた人が初めに見るところなので、ここにターゲットの目を引く印象的なタイトルをつければ、画像をタップして投稿を見てもらいやすくなります。

ターゲットによってどんな言葉が刺さるかは異なります。なので、「こういうタイトルの型を使うと反応が良くなる」というものはありません。

では、どうしたらターゲットに刺さるタイトルが作れるかというと、自分の過去の投稿を見直して、いいねや保存が多い投稿のタイトルの型を使いましょう。

例えば、「即！　夕飯のレシピが決まる裏ワザ5選」という投稿の反応が良かった場合、「即！　○○ができる裏ワザ○選」という型を使ってタイトルを作ることで、反応率アップが期待できます。また、タイトルは自分のキャラクターに合うものをつけるのも大事なポイントです。

例えば、ゆるふわなイメージで見られたいのに、「あなたの○○、間違ってます！」というタイトルを付けていると、理想とは全然違う見込み客が集まるでしょう。

Instagramでのキャラクター設定は、できるだけほかの人と差別化するのが理想的です。しかし、ゆるふわ系、サバサバ系、優しい系など、どうしても被ってしまうことはあります。そんなときはやはり、何度もお伝えしていますが、自分にしか語れないことを載せることで差別化しましょう。また、ライバルのアカウントとは違う系統のカラーを使ってデザインを作るという方法もあります。

最初のアカウント設計の段階で、キャラクターについても、ほかの人と被らないものを探し、差別化しておけば、軸がブレることもないでしょう。

17 アカウントを変えるとき＆増やすとき

① ビジネス用アカウントとプライベートアカウントは分けるべき？

ビジネス用なのに、プライベートを発信したら、フォロワーさんが離れてしまうのでは、と不安になりますよね。しかし、Part 4でもご説明しますが、ビジネス用アカウントでプライベートを発信することは、さまざまなメリットがあり、ファンを増やすのにも有効です。なので、分ける必要はないと考えています。

②ビジネスの内容が変わったときは、アカウントを変えるべき？

この場合も、同じアカウントでいいと考えています。ファンはあなたのビジネスが変わっても、変わらずに応援し続けてくれるからです。

このことを実感する出来事がありました。２０１９年に最後のＤＭを送ったフォロワーさんが、２０２２年にセミナーに来てくださったんです。私のビジネスはこの期間、ハンドメイドのお店、起業アカデミー、インスタ講座とどんどん変わっていったのに、ずっとフォローして見てくださっていたそうです。

ほかにも、お店に来てくれていて、フォローもしてくださっていた方が、「グルメや旅のレポートを見るうちに、私もInstagram を学びたくなった」とセミナーに参加してくださったこともありました。

ビジネスの内容が変わってもずっと同じアカウントを使い続けたことで、信頼や信用が深まったからだと思います。

③どういうときにアカウントを追加する？

私は「ブランディング用（@parisflower202bm）」と「ノウハウ特化用（@maio_instaceo）」に分けて運用しています。

最初の3年半は1つのアカウントを運用してきましたが、もうひとつアカウントを作ることにしたのは、集客やPR案件での私の成功が、「すでに2・4万人もフォロワーがいたからでしょ」と思われるのが悲しかったからです。新しいアカウントを作って一から始めたアカウントで結果を出せば、「もっと本気で頑張ろう！」と思ってくれる方も増えるのでは、と思ったのです。

アカウント設計に1ヶ月を費やした結果、ニッチな投稿内容にも関わらず、毎日右肩上がりでフォロワーが増え続けました。それ以上にびっくりしたのが、このアカウント経由の公式LINE登録者が多くなったことです。

まずは、1つのアカウントをしっかり育てて、濃いファンを作り、アカウントを分けるときは、目的をしっかりと分けましょう。

parisflower202bm

1,229 投稿　2.3万 フォロワー　773 フォロー中

大久保舞インスタグラマー輩出インスタの先生
全国飛び回るワーケーション社長神戸/東京
起業家
\Instagramは、デジタル名刺♡/
2023出版
裏アカ
@maio_instaceo
✳
株)Metoo代表取締役
✳店舗経営4年
✳中卒&社員経験無
✳ニート→ハンドメイド→会社設立
✳年商8桁

旅行好き 13歳11歳シンママ
インスタ５つの完全攻略動画

bit.ly/3vwWPG6

PARISFLOWER202BM

maio_instaceo

63 投稿　472 フォロワー　1 フォロー中

インスタ社長まいおー*
個人ブログ
インスタノウハウ【毎日20時】わかりやすく発信
社会不適合者→インスタで社長になった人
★
マネタイズ設計まで見据えた運用が得意
コロナで売上０から２０日で１００万円達成
★
高校中退→ニート→ハンドメイド作家→年商８桁社長
１３歳１１歳シングルmama
アカウント設計音声と秘密のシート
↓
metoo331.net/

MAIO_INSTACEO

Part 4

ファンがどんどん増えるInstagram運用法

1 Instagramで自分のファンを作ろう！

ファンが増えるとInstagramの運用がとても楽しくなります。

ここでいうファンとは「あなた自身のことが好きな人」のことです。フォローしてくれている人や、投稿を好きと言ってくれる人ではありません。

ファンを作るメリットはたくさんありますが、ここでは主な3つを紹介しますね。

①投稿に反応をもらえる

ファンが増えると、たくさんコメントがつくようになり、「私も使ってます！」「その考え方、好きです！」と、共感のコメントをもらえるようになります。

また、「いいね」が増えて、投稿するモチベーションになります。

私も1つの投稿に何十件もコメントがもらえるとやはり嬉しいです！

②PRの依頼が入りやすい

Part 2でもご説明しましたが、ファンが多いインスタグラマーのもとには、P

R案件の依頼が入りやすいです。ファンが多い人に依頼すれば、「○○さんが使っているなら私も！」と、フォロワーが購買行動を起こす可能性が高いからです。

③発信内容を変えても、ついてきてくれる

ファンが多い人は自分の人柄、人間性、考えが伝わるような発信を積極的にしています。しかしそれをすると、良い印象を抱く人もいれば、苦手に感じる人もいるでしょう。中にはフォローを外す人もいるかもしれません。

これは一見、デメリットに思えるかもしれませんが、あなたが内面をさらけ出しても「いいな」と感じてくれる人だけが残ってくれます。

そういうファンは、あなたが方向転換をするときもついてきてくれます。ここでいう方向転換とは、例えば次のようなことです。

◆今まで何気ない日常の写真を載せていたけれど、趣味についても発信する
◆今までプライベートだけを載せていたけれど、ビジネスについても載せる
◆ハンドメイド作家が、新しいビジネスに挑戦する

新しいことを始めるときは、身内や友達でも良い顔をされないことがあるものです。しかし、ファンはあなた自身のことが好きなので、新しいチャレンジにも

ついてきてくれて、時には背中を押してくれます。

私もいろいろと方向転換をしてきましたが、多くのフォロワーさんが、変わらず応援のメッセージをくださいました。こんな素敵なファンの方が自分の周りにたくさんいてくれたら心強いと思いませんか？

ただ、このファンを作るのが実はちょっと難しいんです。「頑張って運用しているのにファンが増えない」、「たくさん投稿しているのに反応が少ない」と悩んでいる人は、とても多いんです。

そこで私が見つけたファンを増やすコツを、２つご紹介します。

2 ファンを増やすテクニック①～プライベートを発信する～

まず１つは、あなたのプライベートについて発信することです。ビジネスで使っている人におすすめです。プライベートの発信とは例えばこんなことです。

◆最近見た映画の話　◆友人とのランチの様子　◆週末の家族旅行の様子

こうした発信は親しみを感じてもらいやすく、ファンが生まれやすいです。

ビジネス系のアカウントは、ノウハウなどターゲットの役に立つ内容だけを発信していることが多いです。役立つ情報は保存やフォローに繋がるので必要なのですが、それだけだとあなたの人柄まで伝わらず、ファンになってもらえません。

そこで、普段の投稿に加えて、プライベートに関する発信もしてみましょう。

Part 3でもご紹介したツールを使えば、いつもの投稿を続けつつプライベートも発信できます。

3 プライベートの発信に便利な「ストーリーズ」

ストーリーズとは24時間で消える投稿のことです。

あなたはストーリーズを活用していますか？　使っていないなら、とてももったいないです！

「せっかく発信するのに24

時間経つと消えるストーリーズをなんで使うの？」と思う方もいるかもしれません。

そこでストーリーズを使うべき理由を2つご紹介しましょう。

①24時間で消えるから気軽に投稿しやすい

ストーリーズの最大の特徴は24時間経過すると投稿が消えて、自分以外の誰も見れなくなることです。だからこそ、気軽に投稿しやすく、カフェで飲んだドリンクの写真や、散歩中に撮った動画など、「こんな内容でいいの？」と思うような何気ないものも載せることができます。

②いろいろな機能が使える

ストーリーズではさまざまな機能を使って、フォロワーさんと交流を深めることができます。その一部を紹介しますね。

◆質問箱

質問の回答を募集する機能です。

例えば、「今日のランチは何でしたか?」という質問箱をストーリーズに貼り付けると、「オムライス」「おにぎり」「肉じゃが」というようにフォロワーさんが答えてくれます。投稿者は回答を見るだけでなく、その回答に対してストーリーズでコメントを返すこともできます。

このようにフォロワーさんとやり取りすることで、ファンが生まれやすくなります。私も自分のビジネスに関係ない内容でも、どんどんフォロワーさんに質問して交流を楽しんでいます♪

◆アンケート

現在最大で4個の選択肢を用意して、アンケートを取ることができる機能です。先ほどの質問箱とは違い、回答があらかじめ用意されているので、答えるハードルが低く、より多くの人からの反応が期待できます。

アンケート機能を何度も使えば、フォロワーさんはストーリーズに反応することに抵抗感がなくなり、記述回答の質問箱を設置しても、たくさん反応がもらえるようになるでしょう。

アカウントのテーマとは関係ない、何気ないことでもいいので、ぜひ積極的に活用してみてください。

ただし、ストーリーズは、アップしてもたまに上手く反映されず、真っ暗な画面しか映っていないことがあります。そこで、アップしたら一度自分でストーリーズを開き、反映されているか確認するクセをつけましょう。

4 ファンを増やすテクニック②～意見を発信する～

ファンを増やすもう1つの方法は、自分の考えを発信することです。

ビジネスで大切にしていることや社会に訴えたいことなど、あなたの人柄や人間性が伝わるような内容を言葉で伝えてみてください。

普段ノウハウを投稿している人は、そのノウハウがいかに大切かを力説したり、それを知らなかったせいで自分が失敗した経験を書けば共感が得られやすいです。

いつも写真しか投稿していなかった人も、あなたの考えを入れるだけで魅力的な投稿になります。きれいな景色の写真とともに、それを見ながら感じたことな文字だけの投稿を入れてみたりもします。
長いものから短いものまで
ストーリーズに強弱をつける意味合いでも
使ったりします。

どを書くと、あなたの感性を好きだと感じてくれる人が現れるでしょう。

最初は自分の意見を発信することに抵抗があるかもしれませんが、あなたの魅力に気づいてくれるはずです!

5 日記風の投稿はファンが増えない!?

なかなかファンが増えない人がしてしまっているのが、日記風の投稿です。例えば、「○○に行ってきました!」と旅先で撮った写真を載せたり、「○○美味しかった〜」とレストランで食べた料理の写真を載せたり。

「まさに私のことだ……」「え、だめなの?」と思った方もいるかもしれませんね。

芸能人や有名なインフルエンサーなら、行ったところや食べたものだけを紹介する日記風の投稿でも需要があります。

あなたも好きな芸能人なら、「新しい服買った！」「ちょっとお出かけしてきたよ」という投稿だけで、満足するのではないでしょうか？

しかし、有名ではない私たちが、何を買ったか食べたか、どこに行ったかだけを載せても、他人からするとフォローする価値を感じられません。

そこで、そんな無名の私たちでもアカウントに価値を出すことができる、「人気アカウントになるための必須テクニック」をご紹介します。

6 有名人でなくても人気者になるテクニック

有名人でなくても人気アカウントを作るには、Part 2でも紹介したユーザーのｗｉｎを満たす投稿を作りましょう。例えば、恋愛のテクニックや、簡単に作れるレシピ、子育て情報など、「ためになる！」「詳しくて分かりやすい」と感じてもらえる投稿を続ければ、無名でもフォロワーは増えていき、人気アカウントを目指せます。

では、先ほどファンが増えにくいとお伝えした日記風の「美味しいものを食べた」という内容を、具体的にどうアレンジすれば、ユーザーのｗｉｎが満たせる投稿になるでしょうか。

まずは、お店の外観、内観、メニュー表などの写真があると、ただの日記ではなく、「私も行きたい！」と思ったときの参考になります。

またキャプションでも、どんなメニューがあったか、どの料理が美味しかったか、子ども連れでも楽しめそうか、スタッフの雰囲気など、行った人にしか分からない情報を詳しく書けば、投稿に価値が生まれます。

ちなみに、赤ちゃんやペットなど、写真だけでユーザーが癒される「バズりやすいコンテンツ」を選ぶのも、ファンを増やすコツのひとつです。

ユーザーのｗｉｎを満たす投稿の作り方は、Part 2も参考にしてください。

7　ファン作りの悩み対処法①～何を発信したらいいか分からない～

ファンを増やすにはプライベートを発信するといいとご紹介しましたが、「自分のプライベートなんて見たいかな？」「私の毎日って平凡」「インスタ映えするようなイベントがない」と悩む方は多いようです。

実は、自分では平凡と思うことでも、意外と反応をもらえることがあります。例えば、はまっているアニメ、家族との旅行、休日に行った喫茶店、毎週習いに行っているヨガなど、本人にとっては何気ない日常だと思っても、「私もそのアニメ好き！」「ヨガやってます！」と共感を得やすいものもあります。

「日記風ではファンは増えない」「ファンを増やすためにはプライベートを発信する」……この2つは相反するようですが、コアなファンがいる内容なら熱く語るだけでファンがつくでしょう。

インスタ講座の受講生さんにアニメオタクの方がいて、好きなキャラクターについて熱く語ったり、アニメとコラボしたカフェの写真をアップしたりと、上手くプライベートや人柄をアピールしています。

「私の毎日は平凡だから」と思っている方も、一度、日々行なっていることをリストアップしてみましょう。意外と共感を得やすいネタが転がっていますよ。

Memo

毎日していることなどをリストアップしてみてください☆

例）起きたら朝ヨガ

8　ファン作りの悩み対処法②～まだ何を投稿したらいいか分からない！～

「そこまで言ってもらっても、まだ何を投稿したらいいか分からない」という人も諦めないでください！「特別なことを発信しないと」と思うと、何も浮かばなくなってしまうかもしれませんが、そんなに気負う心配はありません。

ネタはなんだっていいんです。例えば、いつも通る道に咲いている花を撮って、それをストーリーズに載せてもいいですし、散歩コースを短い動画に撮ってリール（Part 1参照）としてアップしてもいいのです。

それにストーリーズなら、写真を載せなくても、文字だけで投稿できるので、自分がふと考えたことを書くだけでも立派な投稿になります。

そう思うと、何だかできそうな気がしてきませんか？

まずは自分ができそうなことからチャレンジしてみましょう！

9　プライベートのネタを集めるとっておきの方法

フォロワーさんにあなたのことをたくさん知ってもらうためにも、できれば何かしらのプライベートなネタを、毎日でもアップしてほしいところです。しかし、これまであまりしてこなかった人にとっては、毎日ネタを探すなんて大変そう……と気が遠くなるかもしれません。

でも大丈夫。とっておきの方法があります。

それは「毎日投稿しよう！」と決めてしまうこと。え？　それだけ？　と感じるかもしれませんが、これがとても効果的なんです！

自分が思いついたときや、時間があるときだけ投稿しようとしている人って、いざInstagramを開いても何を投稿すればいいか分からずに困ってしまいがち。

一方で、毎日投稿すると決めている人は何かを投稿する前提で日々を過ごすので、些細なことでも「これ、投稿ネタになる！」とどんどん見つけていきます。だから、ネタに困ることがないんです。

私はもうあらゆることが投稿のネタに思えます。

例えば、元々飛行機に乗ることが大の苦手でしたが、ある日、お仕事でどうしても飛行機に乗らないといけなくなってしまいました。でも、飛行機を恐れる一方で、これも投稿のネタになると考えました。

そこで、まずストーリーズで「飛行機に乗るのが怖い！」と発信。いざ乗る直前にもそのときの気持ちをフォロワーさんにお知らせしていました。

青のりを冷蔵庫内にぶちまけたときも、自転車にスカートを巻き込んで動けなくなったときも、子どもたちからもらった手紙に感動したときも、人生初のシュノーケリングもすべてがネタ！　この考えが定着すると、失敗だって弱みだって、前向きに考えられるようになります。

10 ファンを増やしたいならキャプションを書こう！

あなたは投稿するとき、キャプションを書いていますか？

キャプションとは投稿に載せる文章のこと。

Instagram は画像がないと投稿することはできませんが、キャプションはなくても投稿できます。

ですが、Instagram でファンを作りたいなら、キャプションはぜひ活用したいところです。

なぜなら、あなたの投稿を見て、「気になるな」と思ってくれた人がじっくり読んでくれるところだからです。

キャプションの内容次第では、もっとあなたのファンになって、フォローしてくれて、投稿がアップされるたびに読むのを楽しみにしてくれるかもしれません。

そこで、キャプションは投稿するごとにしっかり書くことを目指しましょう。

とはいえ、「写真を撮るのは好きなんだけど、文章を書くのは苦手なんだよね……」と思う人もいると思います。でも、心配いりません。

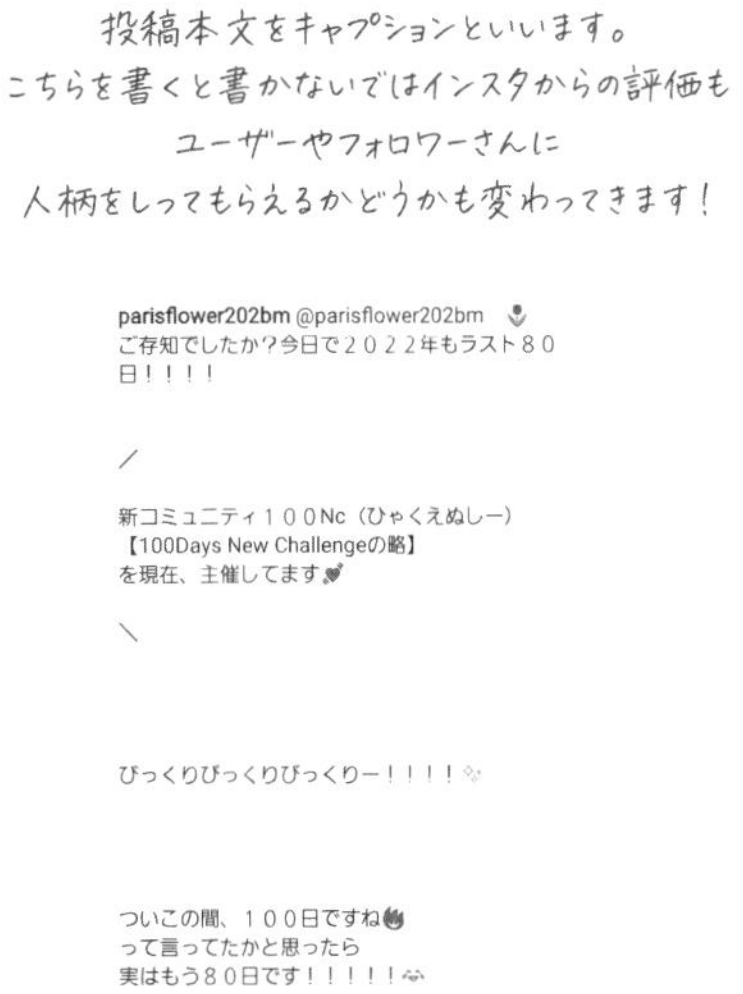
投稿本文をキャプションといいます。
こちらを書くと書かないではインスタからの評価も
ユーザーやフォロワーさんに
人柄をしってもらえるかどうかも変わってきます！
parisflower202bm @parisflower202bm
ご存知でしたか？今日で２０２２年もラスト８０日！！！！
／
新コミュニティ１００Nc（ひゃくえぬしー）
【100Days New Challengeの略】
を現在、主催してます
＼
びっくりびっくりびっくりー！！！！
ついこの間、１００日ですね
って言ってたかと思ったら
実はもう８０日です！！！！！

私も文章は得意ではないけれど、これまでずっとInstagramのキャプションを書いてきました。

それでもフォロワーさんがどんどん増えていった経験から分かったことは「Instagramのユーザーは必ずしも上手な文章を求めているわけではな

い」ということと、「長く文章を書く必要はない」ということです。そう考えると、キャプションを書くハードルがグッと下がる気がしませんか？

11 キャプション作りのポイント①～きれいに書かなくていい！～

ここからはキャプションを書く上でぜひ知っておいてほしいポイントをご紹介していきます。

まず1つ目はきれいに書こうと思わないこと。

キャプションは思いをそのまま書くところだから、きれいにかっこよく書こうと考える必要はありません。

「日本語を間違えないように書かないと……」「きれいで読みやすい文章にしないと……」と身構えてしまうと、なかなかキャプションを書けなくなってしまいます。

それでは毎日の投稿が苦痛になってしまいますよね。

私も、文法間違いや分かりにくい表現もあったかもしれないけれど、気にせず自由に書いていたら、「面白い！」と言っていただけたことがありました。

まずは完璧を求めず、あなたらしい言葉で投稿してみてください。
3ヶ月、半年、1年とコツコツ書き続けていくうちに、いつの間にか文章を書く技術が格段にレベルアップしているはずです。

12 キャプション作りのポイント②〜ユーザーのw・i・nを満たす〜

キャプションを書くときにもう1つ意識してほしいことがあります。それは、ユーザーのw・i・nを満たす内容にすること。読んでいる人にとって有益な情報を与えるということです。

紹介したお店の住所、おすすめポイント、駐車場があるかどうか、そのお店のInstagramのIDなどをキャプションに入れると、見返す価値が生まれて保存に繋がりますし、「この人のほかの投稿も見てみよう」と思ってもらえます。

ユーザーのw・i・nを満たすための具体的な方法はPart 2を参考にしてください。

キャプションは、「①きれいに書こうと思わないこと」「②ユーザーのw・i・n

を満たす内容にすること」の2つを意識しながら書いてみてください！

最初はほかの人のキャプションを参考にしながら書くのもおすすめです。

いろいろな人のアカウントを見て、「この人のキャプションが好き！」と思うものがあったら、それを参考に書いてみましょう。

もちろん、そのままの文章を丸写しするのはNGです。次のような部分を真似しつつ、自分の投稿に当てはめて書いてみてください。

◆文章の展開の仕方

◆文章の構成

◆行動を促す導線作り

このような「型」を押さえた上で、自分の経験や考えを上手く入れられれば、誰かのキャプションを参考にしても、オリジナルのキャプションになります。

何を書いたらいいか分からない方は、まずは参考にしたいアカウントを探してみましょう。

Memo

参考にしたいアカウント名などを書いてみてください☆

例）インスタ社長まいおー

13 やりがち！ InstagramのNG行為

Instagramのフォロワーを増やすためにいろいろ頑張っているのに、フォロワーが増えない人は、どこかやり方が間違っていることが多いです。

そこで、よくあるNG行為とその解決方法をご紹介していきます。

【これはNG！①】とにかくフォローしまくる

フォロワーを増やすために、まず自分がとにかくフォローする、という人はとても多いです。

しかし、実はこれはNG。確かにフォローするとフォローを返してくれる人はいます。なので、フォローをたくさんするとフォロワーは増えます。

でも一度にフォローをすると運営元に不審に思われ、フォローやいいねができなくなったり、最悪の場合、アカウントを消されてしまうことがあります。

実はInstagramはフォローをして回らなくても、フォロワーを増やすことができます。インスタ講座ではその方法を詳しくお伝えしていて、受講生さんの中には講座期間の３ヶ月でフォロワーが１万５３９１人も増えた方もいます。

【これはNG！②】ハッシュタグをつけまくる

Instagramでは1つの投稿にハッシュタグを最大30個までつけられます。

「30個つけた方がより多くの人に見つけてもらえるはず！」と、たくさんつけている人は少なくありません。

しかし、実は30個もつけない方がいいんです。

現在、Instagramの運営が推奨しているハッシュタグの数は3〜5個。ただし、この基準はアメリカでのこと。

ハッシュタグを正しくつけると
トップに表示されたり
ハッシュタグのアイコンになったりもします。
もちろん、記事の質も大きく関わってきます。

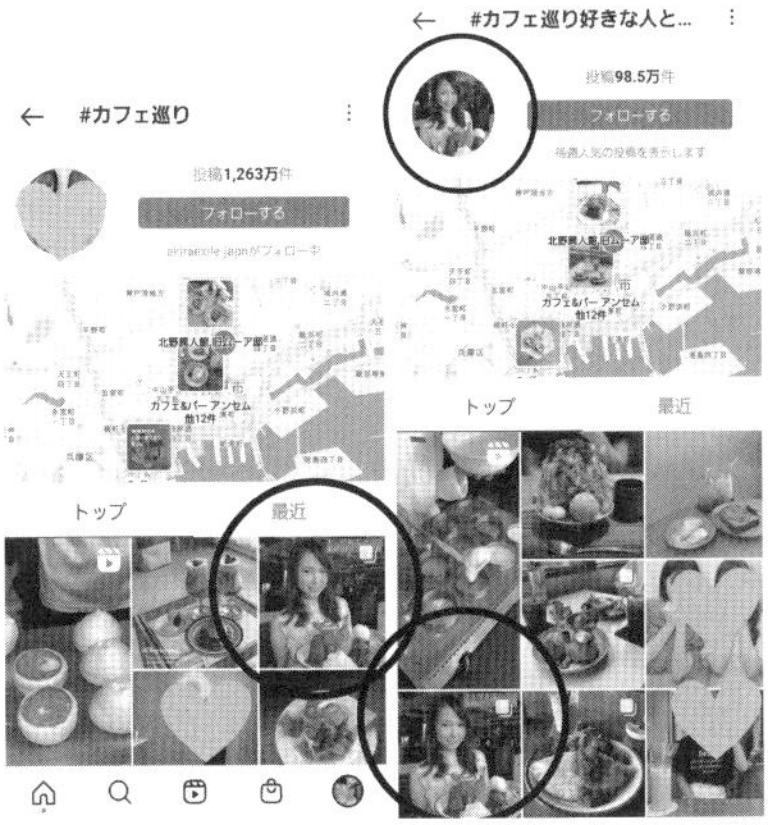

では、日本ではどのくらいが理想かというと、私がいろいろと検証した結果、10〜15個が拡散しやすいと感じています。

ハッシュタグがこれよりも多いと、人気投稿に選ばれにくくなったり、フォロワーさんのタイムラインに表示されにくくなったりするようです。

ぜひ、ハッシュタグのつけ方を一度見直してみてくださいね。

【これはNG!③】キャプションに情報を詰め込みすぎている

先ほど、キャプションはきれいに書かなくていいし、思ったことをそのまま書いていいと説明しましたが、改行せずに書き続けるのは避けた方がいいです。Instagramは画像がメインのSNSということもあって、長文を読むのが苦手なユーザーが多いからです。長文はなかなか読んでもらえません。

では長い文章を書いても意味がないかといえば、そうではありません。長い文章でも読まれる秘訣があります。

それは、読みやすいキャプションを作ること。

例えば、こまめに改行して一行あたりの文字数を少なくしたり、一文が終わったら何行か空けてまた書き出したりすると、改行をせずにだらだらと文章を書いた場合と比べて、驚くほど読みやすくなります。

これなら長文が苦手なInstagramユーザーでもスラスラ読んでくれます。

A, Bどちらが読みやすいですか？

A

parisflower202bm @parisflower202bm
第2回大阪インフルエンサー勉強会&飲み会

／

230万人YouTuberマッスルさん主催
@musclewatching
交流会、勉強会、飲み会
参加してきました

＼

YouTuber、TikToker、インスタグラマー
Twitter(ツイッター強い人ってなんていうの？)
元ボクシング世界チャンピオン　など

その道のプロフェッショナルな
インフルエンサーが集まる会

畑が変わると
常識も全然ちがくて
知らないことも沢山

インスタ鬼ほど強いけど
YouTubeのアルゴリズムとか
広告単価とか知らないし

B

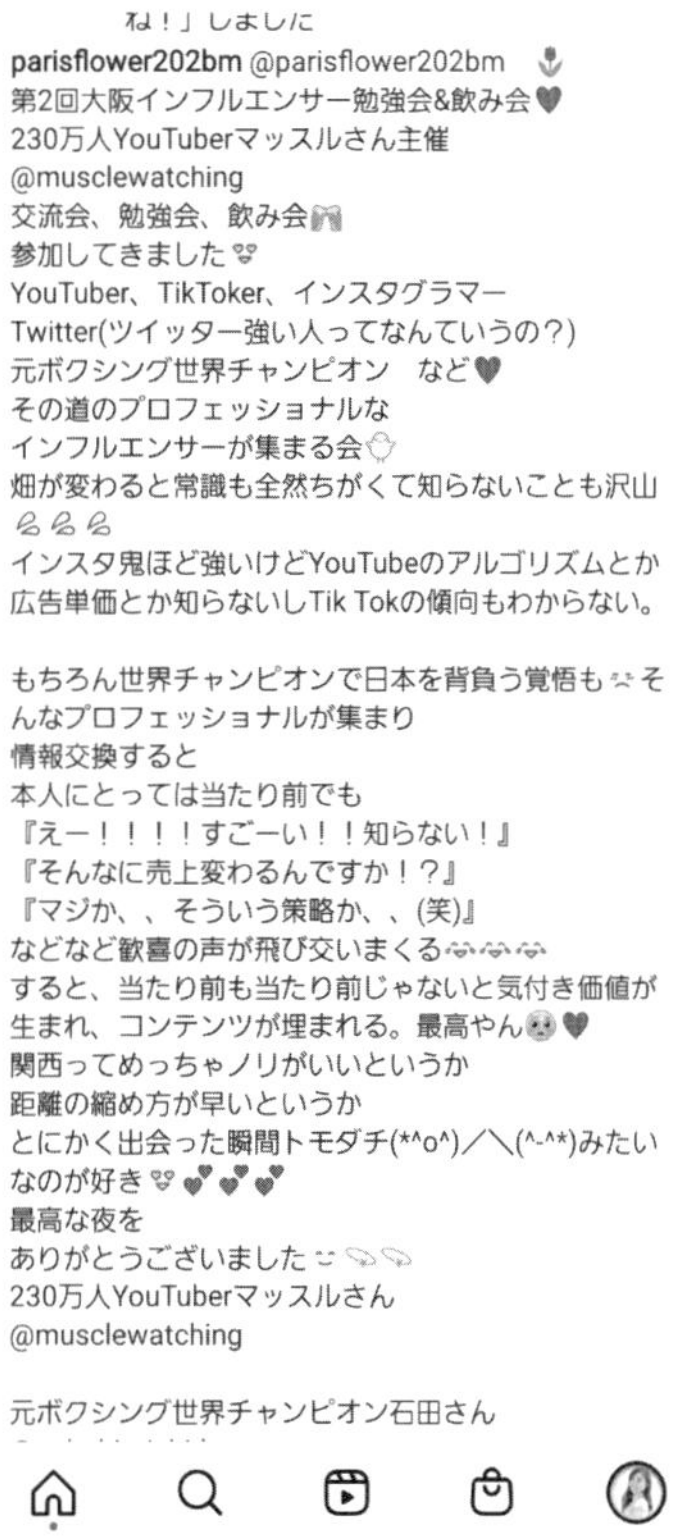
ね！」しました
parisflower202bm @parisflower202bm
第2回大阪インフルエンサー勉強会&飲み会
230万人YouTuberマッスルさん主催
@musclewatching
交流会、勉強会、飲み会
参加してきました
YouTuber、TikToker、インスタグラマー
Twitter(ツイッター強い人ってなんていうの？)
元ボクシング世界チャンピオン　など
その道のプロフェッショナルな
インフルエンサーが集まる会
畑が変わると常識も全然ちがくて知らないことも沢山
インスタ鬼ほど強いけどYouTubeのアルゴリズムとか
広告単価とか知らないしTik Tokの傾向もわからない。

もちろん世界チャンピオンで日本を背負う覚悟も そんなプロフェッショナルが集まり
情報交換すると
本人にとっては当たり前でも
『えー！！！！すごーい！！知らない！』
『そんなに売上変わるんですか！？』
『マジか、、そういう策略か、、(笑)』
などなど歓喜の声が飛び交いまくる
すると、当たり前も当たり前じゃないと気付き価値が生まれ、コンテンツが埋まれる。最高やん
関西ってめっちゃノリがいいというか
距離の縮め方が早いというか
とにかく出会った瞬間トモダチ(*^o^)／＼(^-^*)みたいなのが好き
最高な夜を
ありがとうございました
230万人YouTuberマッスルさん
@musclewatching

元ボクシング世界チャンピオン石田さん

ぜひ、例を参考に、読みやすいキャプションを作りましょう！

【これはNG！④】画像の色味が統一されていない

プロフィールから画像の一覧を見たとき、色味が統一されていますか？

色味が揃っていることはとても大事です。

投稿一覧に統一感があると印象が良く、フォローされやすくなります。

反対に、色味が統一されていないと、ごちゃごちゃしていると感じ、フォローせずにそのままほか人の投稿を見に行ってしまうでしょう。

色味を揃えるためには、どんな色を使うのかを事前に決め、「それ以外の色が入った画像は使わない！」と決めてしまいましょう。

それを守り続ければ、自然と統一感のあるアカウントができていきます。

また、いつも同じフィルターで写真を撮るという方法もあります。

どうせ頑張るなら、きちんと結果を出したいですよね。ぜひ、この本で紹介している方法を実践して、楽しくInstagramを運用してくださいね！

Part 5

Instagramで次々と叶ったホントの話

1 大手企業からオファー！　旅が仕事に！　Instagramで叶ったこと

これまでアカウントを利用しながらいろいろなことを叶えてきました。きっとInstagramがなければ叶えられなかったこともあると思います。

みなさんにもInstagramの可能性を知ってほしいので、そのいくつかをご紹介します。どれも私だからできたことではなく、正しくInstagramを使えば誰でも実現可能なことです。ぜひ「私も実現できたらな」とワクワクしながら読んでいただければと思います。

◆オンラインで商品を販売することができた

ハンドメイドの商品やオンラインで提供するサービスなど、さまざまなものをInstagramで紹介して販売することができました。店頭だけでなく、オンラインでの販売経路ができ、売上が安定するようになりました。

コロナ禍で神戸にあるハンドメイドのお店を一時的に閉めたにも関わらず、今なお続けられているのは発信力をつけていたおかげです。

オリジナルの布マスクをデザインして販売したときは700人待ちとなり、一時期ＤＭの返事をしすぎてスパム扱いとなりました。コロナで仕事がなくなった方々に制作やデザインを外注し、10名ほどの雇用を生むことができたことで、より一層、Instagramの可能性を感じました。

◆大手企業からオファーが来た

ある高級車メーカーから、Instagramを見て出張レッスンのオファーをいただき、ハーバリウムやハンドメイドのボールペンの作り方を教えました。

TV収録に出させていただいたり
九電グループとタイアップで
インスタ講座をさせていただいたりと
沢山のご縁をいただいています！！！

ほかにも多くの企業から出張レッスンの依頼が来て、多いときには朝から夕方までレッスンをして、80人以上の方に指導したこともありました。

嬉しくて楽しかったのですが、かなりハードだったので、少し苦い思い出です。

本格的にPRを研究し実践してから１ヶ月ほどで
北は北海道から南は沖縄まで
あちこちのホテルからオファーをいただくように！

◆旅が仕事になった

日本各地の観光地やホテルから「Instagram で紹介してほしい」とＰＲの依頼がたくさん来るようになり、無料や、時には報酬をいただきながら、仲間や家族を連れて旅ができるようになりました。

１ヶ月のうちに７つのホテルから依頼をいただいたこともあります。

元々、インスタ講座で教えるために始めたＰＲ案件ですが、今ではすっかり私の生活の一部になっています。旅行が好きな人には本当におすすめです！

2 「こうなりたい！」を実現するテクニック

今はまだ実現していないけど、「こうなりたい♪」という目標がある人におすすめの方法があります。

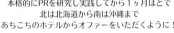

それはInstagramの名前の中にあなたの理想を盛り込むこと。

どういうことか分かりにくいかもしれないので、実例を交えてご紹介しますね。

私はInstagramの名前に神戸と東京の2つの地名を入れています。

住んでいるのは神戸で、東京にもう1つの家があるわけではありません。しかし、東京近郊での仕事の依頼が欲しいので、神戸と東京のどちらも入れることにしたんです。入れてすぐに東京のホテルの案件をいただきました。

名前は
【大久保舞 インスタグラマー輩出インスタの先生
全国飛び回るワーケーション社長 神戸/東京】
としています！

parisflower202bm
1,229
投稿
2.3万
フォロワー
773
フォロー中
大久保舞💎インスタグラマー輩出インスタの先生
全国飛び回るワーケーション社長 神戸/東京
起業家
\Instagramは、デジタル名刺♡/
2023出版
裏アカ
@maio_instaceo
株)Metoo代表取締役
店舗経営4年
中卒&社員経験無
ニート→ハンドメイド→会社設立
年商8桁
旅行好き 13歳11歳シンママ
インスタ５つの完全攻略動画
bit.ly/3vwWPG6

「名前に入れるだけで何か変わるの？」と思う方もいるかもしれませんが、名前がよく見られていることを実感したエピソードがあるので、ご紹介します。

私はInstagramの名前に「ワーケーション社長」という言葉も入れています。

すると、ある日、沖縄のホテルからPR案件の依頼が来て、その担当者さんから「普段は1泊2日で依頼するんですが、ワーケーションをされているなら3泊にしましょうか？」とご提案いただいたんです。

こんな風に名前はよく見られているため、名前にあなたのなりたい姿を詰め込んでしまえば、見てくれた人からそのように扱ってもらえるようになります。

例えば、料理教室の先生が自宅だけではなく、ほかのところでもレッスンをしてみたいと思っているなら、名前に「出張レッスン」と入れると、出張可能な料理教室の先生を探している人の目に留まるでしょう。

また、今は専業主婦だけど、実は密かに子育てのアドバイザーをしてみたいと思っている人なら「子育てコーチ」、「子育てアドバイザー」という言葉を入れておけば、「ぜひ習いたいです！」という人が現れるかもしれません。

「まだ実現していないから……」と恐れないで、ぜひあなたの叶えたい夢を名前に盛り込んでください。それが夢への思わぬ一歩になるかもしれません♪

3 120人集客! 受講生さんもInstagramですごい効果が!

Instagramでいろいろな夢を叶えたのは私だけではありません。

私のインスタ講座の受講生さんもまたすごい成果を出しています。

受講生さんたちは元々、Instagramを頑張って使っていたけれど思うようにフォロワーが増えなかったり、そもそもどう使えばいいのかよく分かっていなかったりと、運用に頭を抱えていた方たちです。

しかし、3ヶ月の受講の後、早い人は受講中から本人もびっくりするような成果が出ています!

私とはまた違った成果を出している人が多いので少しご紹介しますね!

・本人史上最高売上200万円達成
・1回の告知で120人から商品の申し込み
・「世界観が好きです」と言ってくれる人ができた
・お役立ち情報を発信していたけれど、自分が楽しいと思う内容に変えたところ、コンサルティングの依頼が入り、3件成約した

・講座に入塾したとき目標にしていたラジオのスポンサーがついた
・オラクルカード（神様カードや宇宙カードなど）の日本最大手の会社から「オリジナルのオラクルカードを書店販売しませんか？」とＤＭが来て、販売することになった（完売！）
・ＰＲ案件を受け始めて５ヶ月で１００件以上の案件をもらえた
・新規の問い合わせが増えたり、キットがすぐに完売したりと集客に成功。動画販売を予告したところ、販売前から「買いたい」と言っていただけた

受講生さんがInstagramを通して、それぞれの夢を叶えているのは本当に嬉しくて、素敵な報告をしてもらったときは私も一緒に喜んでいます！

ちなみに、オラクルカードの販売が決まった受講生さんは、プロフィールに「オリジナルオラクルカード」と書いていて、自分でオラクルカードを作っていることをアピールしていました。

販売を提案してくれた企業では、自分でカードを作っている人に限定して探していたので、プロフィールにその一言を書いていたことが見事にお仕事に繋がりました。

やはり、自分のやっていることや、やりたいことを名前やプロフィールに書い

ておくのは本当に大切なのです。

4 結果を出す受講生さんの3つの特徴

インスタ講座を始めてまだ1年ですが、何十人もの受講生さんを教えてきました。みなさんそれぞれ頑張られていて、結果も出していますが、その中でも特に結果を出す受講生さんがいます。

そんな受講生さんたちの共通点を3つご紹介します。

①何事も行動が早い

結果を出す受講生さんはとにかく行動が早いです。

例えば、課題の締め切りを1週間後に設定すると、素早く取り組んで3日で終わらせます。

行動の早さに驚いた例が1つあります。

私はインスタ講座の初めに、受講生さんにアカウントの方向性を決める「アカウント設計シート」をお渡しして、それを全部埋めてもらいます。

このシートは書く部分がとても多く、仕上げるのに苦労する受講生さんも少なくありません。

しかしある受講生さんは、会社員でお子さんが2人いるにも関わらず、たった1日で提出しました。この方は、受講期間1ヵ月半で次のような結果を出しています。

・最初は1600人しかいなかったフォロワーが1万人を超えた
・PR案件を報酬つきでいただけるようになった
・PR案件の仲介会社のサイトに「結果を出しているインフルエンサー」として紹介された

すごい結果だと思いませんか？

みなさんもInstagram運用を成功させたいと本気で思うなら、早く、たくさん行動することを意識してください。それだけで結果が驚くほど変わります。

②質問が多い

私のインスタ講座は受講期間中、無制限で質問できるようにしています。
遠慮せずにどんどん質問してくる受講生さんは特に成長が早いです。

行動していないと疑問点も出てこないものです。たくさん質問する人は、まず行動し、その中で浮かんだ疑問について聞いて、また行動して……と、成長するサイクルを繰り返しています。結果が出るのは当然ですよね。

初めて本気で取り組んだInstagramについて、分からないことが出てくるのは当たり前です。

もしも私のインスタ講座に入ったら、遠慮なくなんでも質問してくださいね。

③Instagramが好きな人

とてもシンプルですが、Instagramが好きな人は当然結果を出しやすいです。

暇さえあればInstagramを触っていると、勝手に知識が溜まります。その状態で私の講義を受ければ、自分の経験と擦り合わせることができます。何も前情報がない状態で講義を受けた場合に比べると、習ったことがより定着します。

ずっとSNSを見ていると、怠けていると誤解されやすいですが、本気で運用に取り組むならそれも勉強のうちです。

ぜひ堂々と積極的に（笑）Instagramを触ってくださいね。

5 Instagramで変わったライフスタイル①〜趣味が仕事に！〜

元々はお店の集客のために使い始めたInstagramですが、フォロワーさんが増え、多くの方に知ってもらえたことで、役割はどんどん変わっていきました。

今ではオンラインビジネスの集客ツールとして使ったり、ＰＲ案件をいただけるきっかけになったりしています。

Instagramの成長とともに、私のライフスタイルもガラリと変わりました。

まず、趣味と仕事との境目がない生活が実現しました。

Instagramのおかげで、仕事で行きたいところに行けたり、好きな人と仕事をすることができています。

例えば、ＰＲ案件で報酬をもらって沖縄や北海道に行ったり、福岡のホテルに3泊4日で泊まらせていただいたり、仕事をしつつ旅行も楽しんでいます。

また、インスタ講座の受講生さんと一緒に行くこともあり、大好きな人たちに囲まれて、楽しみながら仕事をしています。

旅行が好き、ホテルに泊まるのが好き、好きな人と一緒に仕事がしたいという方には、この働き方はすごくおすすめです。

6　Instagramで変わったライフスタイル②～好きな時間に働ける～

出社時間や退勤時間が決められている会社に勤めている方は、それに合わせて動かなくてはいけませんよね。

しかし、私の場合は講義や打ち合わせの時間を自分である程度自由に決めることができるので、好きな時間に働くことができています。

例えば、私は朝がとても苦手です。なので、朝早くには予定を入れないようにして、ゆっくり起きることができます。

また、友人と会うなど、プライベートの予定を入れたいときも、あらかじめ時間を調整できます。

もともと枠にハマれず、毎日同じことを繰り返すのが苦手で、社会に馴染めなくて悩んでいた私にとって、この働き方が確立できて本当にありがたいです。

自分の弱みはダメなところなんかじゃない。それをカバーした働き方を選択できればそれでいいのです。

7 Instagramで変わったライフスタイル③～上司の顔色を伺わなくていい～

「保育園のお迎え時間なので今日は失礼します」「日曜日は子どもの運動会なので休みたいのですが」こういったお願いは上司に言いづらくないですか？

上司の顔色を伺いながら働いている人はとても多いと思います。

しかし、私は上司がいないので、誰かの顔色を伺うことなく、自分で自由に予定を決められます。

上司に限らず、仕事では人間関係の悩みがつきものですが、私の場合、好きな人とだけ仕事ができるので、そういったストレスもありません。

いかがでしたか？「そういう生活憧れる」と思う反面、「でも、やっぱり難しいよね……」と感じる人もいるかもしれません。

でも、そこで諦めないでほしいのです。

インスタ講座の受講生さんには主婦の方や、会社に勤めている方もいますが、いろいろと制約がある中でもできることを頑張って、その結果、自分が欲しい未来を次々に手に入れています。

これを読んでいるあなたも、これからの行動次第で理想のライフスタイルを手に入れることができます。

ぜひ、今の自分にできることを考えて、どんどん実行していきましょう。

3ヶ月後、半年後、1年後、あのときスタートしてよかったなと自分を褒めてあげたくなるはずです。

8 Instagramは性格まで変えた！

Instagramを通して、ライフスタイルだけでなく、性格も変わりました。

①元々自撮りは嫌いだった

今でこそたくさん自分の写真を載せていますが、私は元々写真が嫌いでした。

今も得意ではありませんが、自撮りも撮られることもだいぶ抵抗がなくなりました。

実は写真に対する考え方が変わったきっかけは、フォロワー数が1000人になったところで、なかなか伸びなくなったこと。

最初は順調にフォロワーが増えていたのに何でだろうと思い、過去の投稿を見返したところ、商品をただ載せているだけなのが原因なのではないかと推測しました。

「商品ができました」「この店舗で売っています」「うちはこんなお店です」といったことしか伝えていなくて、「誰がやっているのか」「どんな思いでやっているのか」が伝えられていなかったんです。

ハンドメイド作家なんて数えきれないほどいるからこそ、誰がやっているかというところが大事。そうだ！　顔出しをしよう!!

今でこそ、顔出しをしなくても運用できる方法をたくさん知っているのですが、そのときはまだInstagramを始めて数ヶ月。顔出しをすることぐらいでしか打開策が思いつきませんでした。

しかし、やはり写真は苦手なので、どうしても自撮りができない……。

そこで、お店に来てくださったお客様に「一緒に写真を撮ってもらえませんか？」とお願いして、それをアップするようになりました。

これが好評で「友達が載っていたので来ました！」という方も現れ、予想以上の結果を得ることができました。

ちなみに、写真を載せられるようになったのにはもう1つ理由があります。

それはアプリがあること（笑）。

今は人物の写真をきれいに撮ってくれるアプリがたくさんありますよね。肌をすべすべに見せてくれるし、どんなに疲れていても、きれいな顔に仕上げてくれます。すっぴんのようですっぴんじゃないんです!!

アプリのおかげで写真に対する抵抗がかなりなくなりました。本当に「アプリありがとう！」って思っています（笑）。

元々写真が苦手で
顔出しもしていなかった頃の投稿です。

②ライブに対する抵抗感があった

ライブに対する考え方も変わりました。

今でこそ、いろいろな人とコラボをしてインスタライブをしていますが、元々ライブも苦手でした。

始めた当時、インスタライブは1人でしかできない仕様になっていて、今のように誰かとコラボして一緒に話すことができませんでした。カメラに向かって一人で話をすることにどうしても抵抗しかない……。

でも、どうしても喋れるようになりたくて、ライブに対する抵抗感を克服しようとしました。

それ以来、いろいろなことを試しました。

最初の頃は友達に一緒に出てもらったのですが、友達がずっと喋ってくれて、私は「うんうん」と相槌を打つことで精一杯でした。

そこで、次は一人でライブに挑戦しました。

このときは顔は出さずに、声だけでライブをしてみました。

その後、インスタライブの機能がアップデートされ、誰かを招待して一緒にライブをすることが可能になりました。

苦手意識を克服するにはとにかく慣れるしかないと思い、この機会にコラボ配信をたくさんしようと決意。ストーリーズで「一緒にライブ配信してくれる人、いませんか?」と募り、30人くらいとコラボライブをして、経験を積みました。

ライブをしてみて、ちょっと間を置いて、またライブをして……と挑戦を繰り返した結果、最終的に克服することができました。決意してから1年~1年半ほど経っていました。

意外と諦めの悪い努力家です（笑）。

9 Instagramが使えなくなった！　ピンチをチャンスに変えた機能

Instagram を始めてから今まで、何もかもうまくいっていたわけではありません。途中で、「どうしよう」と途方に暮れるようなこともたくさんありました。フォローをしすぎて、ある日 Instagram が使えなくなったのもその一つです。

突然、キャプションの投稿とリール（Part 1 参照）ができなくなりました。しかも、それはコロナが広まり始め、ビジネスをオンラインに切り替えなければと思っていたときで、タイミングとしては最悪でした。

ちなみに、このように Instagram の機能が制限されることを、一般的にブロックと呼びます。いわば Instagram からのペナルティです。

なぜ、ペナルティを科すかというと、Instagram というプラットフォームを守るためです。例えば、変なメッセージを大量に送ってくる人がいたら迷惑ですよね。こうしたユーザーに対処するため、迷惑行為をしていると判断すると

Instagramはブロックをかけます。

悪意はなく、ただフォロワーを増やすために「いいね」やフォローをしたり、メッセージを送ったりしていても、ブロックがかかることがあります。

私の場合は、一度にたくさんの人をフォローしてしまったせいで、迷惑行為だと思われて、制限がかかってしまいました。

ブロックにはいろいろな種類があります。例えば、次のようなものです。

・画像は載せられるけどキャプションは書けない
・投稿自体ができない
・リールを投稿できない
・いいねができない
・コメントができない
・ハッシュタグの検索結果に載らない
・完全にアカウントに入れない

これらはInstagramユーザーなら誰でも起こり得るブロックです。

どんなブロックがかかるかはそのときによって違います。

当時の私は投稿もできない、せっかくリール用に動画を撮ったのにそれもアップできないという絶望的な状況でした。

このような状況で、どのように自分の商品をアピールしようか考えて、インスタライブに力を入れようという結論に至りました。

この頃、まだ完全にはライブに対する抵抗感はなくなっていませんでした。

しかし、コロナでお店を閉めて、しかもInstagramにブロックがかかって……と大変なときだったので、ライブが苦手だと言っている余裕もなく、結果として、17日連続で一人でインスタライブをしました。

最初は一人でとにかく喋っていたんですが、さすがに何日も連続で話していると、だんだんネタが尽きてきます。

そこで、母の日シーズンが近づいていたので、フラワーボックスを即興で作りながらインスタライブをすることにしました。

作業をしている手元を映し、視聴者さんから「こういうお花を入れてほしい」といった意見をもらいながら、リアルタイムで商品を作りました。

後に、そのインスタライブの配信を見た人がフラワーボックスを購入してくださって、知らないうちにライブ配信で商品を紹介して購入に繋げるという流れを構築していました。

あなたも、もしこれから何かピンチに陥っても、そこで諦めないでください。今、自分に何ができるかを考え、思いついたら、それが苦手だろうが、やったことがなかろうが、どんなに精神的に弱っていようが、とにかく行動し続けること。これできっと状況がガラリと変わるはずです。

10 夢を叶えたいなら「モデリング」をしよう

たくさんの夢を叶えてくれるInstagramですが、ただ一生懸命に運用すればいいわけではなく、正しいやり方で運用することが大事です。

どんな方法がいいかは使う目的や、状況によって違うのですが、どんな人でもぜひやってほしいことを紹介します。

まずはモデリングです。ここでいうモデリングとは、自分の理想に近い発信をしている人をモデルにして、自分のアカウントを作り上げていくことです。

ただ発信するのではなく、目標を決めて、それを目指して発信することで、夢を叶えるまでの時間がグッと短くなります。

モデリングは3ステップで行います。

ステップ1：モデリングするアカウントを10個挙げる

憧れる、真似したいと思うアカウントをリストアップしましょう。

既にフォローしているアカウントから見つけてもいいですし、新しく探してみてもいいでしょう。どちらでも大丈夫です。

Memo

モデリングするアカウントを10個
書いてみてください☆

例）@maio_instaceo

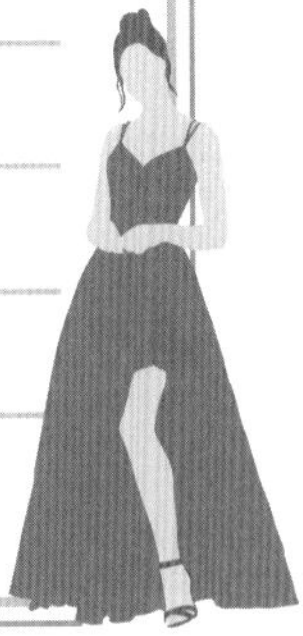

ステップ2：10個のアカウントのどこに惹かれるのかをリストアップする

・色味
・デザイン
・訪れているスポット
・発信内容
・フォロワーさんとの交流の仕方　など

リストアップしたら、自分のアカウントではどんなところが取り入れられそうかを考えてみましょう。

Memo

10個のアカウントのどこに惹かれるのかを
リストアップしてみてください☆

例）タイトルがわかりやすい

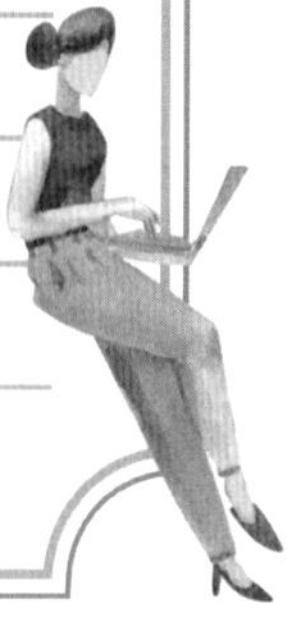

ステップ3：惹かれたポイントを自分のアカウントにどんどん反映させる

例えば、あるアカウントの写真の構図に惹かれた場合、その方の投稿から写真を1つ選んで、同じ構図で写真を撮ってみましょう。

ここにコーヒーカップがあって、こっちにはお花があって……と自分の周りにあるものに置き換えて写真を撮り、投稿し続けると、目標とするアカウントと同じような雰囲気のアカウントが出来上がります。

ほかにも、色味に惹かれるアカウントがあれば、同じような色を使った投稿を考えたり、ズバズバ言う口調が良いなと感じるアカウントがあれば、自分も同じように考えたことをどんどん発信してみましょう。

投稿したら、反応を見ることも忘れないでください。

いいねやコメントの数が増えたら、フォロワーさんの心に刺さっている証拠です。そのやり方を続けましょう。

一方、反応が良くないならやり方を変えて、様子を見てみましょう。

これを繰り返すことで、どんどん良いアカウントに成長していきます。

Memo

ステップ2で挙げた惹かれるポイントを
自分のアカウントへどう反映させるか書いてみてください☆

例）数字をタイトルにいれる

Instagramを本気で運用したい！　Instagramで夢を叶えたい！　という方は、ぜひこの3つのステップを順番に取り組んでくださいね。

11 トラブル防止！　モデリングはコピー禁止！

モデリングをするときは、そっくりそのままコピーしないように注意してください。「型」だけを借りて、自分に当てはめて取り入れましょう。

先ほどの写真の構図の例でいえば、モデリングをするのはあくまで構図だけで、参考にする写真に写っているカップやお花と全く同じものを用意して撮るのはNGです。必ず、自分の周りにあるものに置き換えて撮りましょう。

また、誰かのキャプションに惹かれた場合も、文章をそのまま自分のキャプションに載せるのはやめましょう。

文章の構成だけを参考にし、あとは自分の言葉で書きましょう。

そっくりそのまま自分のアカウントに取り入れると、トラブルにもなりかねません。「モデリングするのはあくまで型だけ」「自分の場合に置き換える」ということを必ず守ってくださいね。

__masamajo15__
284 投稿
5,036 フォロワー
298 フォロー中
オリジナルオラクルカード♥ホロスコープmasa京都
\ 今ココを大切に、楽に生きる /
ハッピースマイルヒーリング♥
オリジナルオラクルカード創設者
2020.7月～100部以上販売
★
毎日ストーリーズとYouTubeで
メッセージお伝えしています
自分の本質を知って軽やかに生きよう
youtube.com/channel/UChl31KHHxSR24OrrEZnyciw

iroha_05
901 投稿
1.6万 フォロワー
1,035 フォロー中
みずき♡２児ママ/美容大好き/子連れお出かけ/関西
綺麗なママでいたい
♥2kids
♥はむすたー大好き
♥日本化粧品検定3級
♥プチプラ高身長コーデ
アンバサダー : @ayu_select
lit.link/mimizuzukiki

生徒さんのプロフィールも
とても参考になると思います。

k0sei129
551 投稿
5,940 フォロワー
546 フォロー中
KOSEI 歌う ライブコマース副業 ● 福岡↔大阪↔東京
アーティスト
現役会社員＆TVに出てるコマースライバー
ライコマで月7桁！実践してること紹介します
ライコマ情報はlinkから公式LINEへ！
ライコマ最高ランキング
無形物 :1位 雑貨(美):3位
マルシェ:3位 メイン :5位
♦美、食、学、歌を紹介
lit.link/kosei129

shion_japanese.tea
223 投稿
1.3万 フォロワー
934 フォロー中
紫音/古き良き物や街並み&海が好き 気軽に楽しめるそして健康&癒しの日本茶を！
個人ブログ
広がる癒しの空間と時間を！
そして幸福へ！
その方に合わせたお茶のオススメ
お茶→カフェ&地域巡り
お茶から始まる地方創生を！
神社などの古き良き物や街並み好き
仕事休みはダイビングに
お茶の資格取得に挑戦中！
本業は会計士
音楽大好き ピアノ歴28年フルート歴20年
peaceyouapp.page.link/H86sfnYh1EM4mpEn9、...

favori_candle_flow...
731 投稿
2万 フォロワー
685 フォロー中
キャンドル教室の先生/オンラインキャンドルスクール/MIHO
個人ブログ
＼キャンドル作りのお役立ち情報配信／
◇子育てママでもお家でできる習い事
◇基礎から売れるキャンドルデザイン修得
◇受講生様実績 最短2ヶ月!!
≫店舗販売/ネットショップオープン
◇お家起業を叶えるインスタ講座
≫専業主婦からSNSで月商7桁達成
3姉妹のママ
レッスンの詳細
lit.link/favoricandle

ayakoic1_
421 投稿
8,014 フォロワー
540 フォロー中
セルフラブフォトグラファー/小石川あやこ/茨城⇄日本各地
個人ブログ
オンリーワンの私を愛する
セルフラブ スピリチュアルナビゲーター
潜在意識の書き換えで
自信の無い表情→自然な笑顔へ
マンツーマンのフォトセッション
自撮りは文化
モデルさま↓
@ayako_camera_
こじらせ主婦→着物モデル
↓自己肯定感チェックPDFプレゼント
lit.link/ayakoic1

0からアカウントを構築し
結果を出した生徒さんもいます。

miyanishi_aki
861 投稿
1.4万 フォロワー
806 フォロー中
米粉パンお菓子のオンライン教室 | みやにしあき
料理教室
＼2か月先まで予約満席の米粉料理教室へ／
・手に入りやすい米粉を使った簡単レシピを配信中
・米粉を使ったパンお菓子で家族も生徒さんも大満足
・お料理教室運営サポート
自宅教室開講のためのオンライン資格講座
5つの動画プレゼント
↓↓（教室運営のコツ＆米粉のレシピ）
ameblo.jp/giraffe-fanfan/entry-12592853901.html

natsumi_86_
125 投稿
1.3万 フォロワー
2,371 フォロー中
なつみ 子連れおでかけ旅行好き インスタの先生
関西ママ
＼子育ても自分の"好き"も楽しむ／
関西を中心に子連れで楽しいスポット発信
インスタグラマー講座主宰
運用代行&出張インスタセミナー可能
5歳おませ女子&3歳やんちゃボーイ
↓インスタ講座こちら
bit.ly/3xwmxLA

① プロフィール写真

アイコンとも呼ばれます。タイムライン上部に表示されるストーリーズの欄、投稿時やコメントの横にも表示されます。

② 名前

ほかの人と同じものは使えないユーザーネームとは違い、日本語も含め自由に設定できます。Instagram 内の検索でも引っかかる大切な部分です。

③ ユーザーネーム

Instagram 上のアカウント名のこと。アカウントを作成するときに設定します。後から変更も可能。ログインＩＤとしても使用されます。

④ 自己紹介

自己紹介にはほかのサイトへのリンク（現在は１つまで）も貼りつけることができます。

⑤ フォロワー

フォローしてくれているユーザーのこと。

⑥ フォロー

ほかの人の投稿をすぐに見れるようにする機能のこと。誰かを「フォロー」することで、その人の投稿がタイムラインに表示されるようになります。「フォロー中」には、フォローしているアカウントの数が表示されます。

⑦ 投稿（フィードやフィード投稿などとも呼びます）

自分が投稿してきた写真、動画が表示されます。新しいものから順に、下へ行くほど古い投稿が並びます。

⑧ カルーセル投稿

1つの記事に複数枚の画像を投稿していることを指します。最大10枚の画像が一度に投稿可能です。1投稿内では、画像・動画の寸法が統一されます。

⑨ リール（Reels）

２０２０年８月に追加された機能で、好きな曲、流行りの曲、音声や映像エフェクトといった豊富な編集ツールを使用し、最長90秒の短尺動画を作成できます。リールを使えば、TikTokなどで定番の人気コンテンツになったリップシンク動画などを簡単に作成可能です。

⑩ ストーリーズ

タイムラインとは別に、24時間で消える写真や動画

を投稿できる機能です。ストーリーズが24時間以内に投稿されていると、アイコンの縁が虹色になります。タイムラインの画面上部にあるストーリーズ欄から、自分のサムネイルをタップし、投稿することができます。

⑪ ハイライト

通常は24時間で消えてしまうストーリーズですが、残しておきたいストーリーズを組み合わせ、プロフィール上に保存できるのがハイライト機能です。タップすれば、保存されたストーリーズをまとめて閲覧できる便利な機能です。

⑫ CTA（Call To Action）（しーてぃーえーと呼びます）

ユーザーにどういったアクションをしてほしいかを誘導する画像のことを指します。多くはカルーセル投稿の一番最後に設置します。

⑬ タイムライン

フォローしている人の投稿が、アルゴリズムによるおすすめ順に表示されます。年表や時刻表という意味で、メニューバーの一番左のアイコンをタップすると表示されます。

なお、現在の仕様では、時系列では表示されないようになっています。

⑭ 発見

発見タブ（虫眼鏡マーク）をタップすると、ユーザーにおすすめの投稿がランダムで表示されます。どのようなコンテンツが表示されるかは、アカウントの閲覧状況に応じて、Instagram 独自のアルゴリズムによって決まります。

⑮ リールボタン

リールも発見タブと同様、自身がフォローしていないアカウントのコンテンツが表示されます。上下にスワイプすると、さまざまなアカウントのリールを閲覧できます。

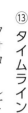

⑯ ショップ

投稿のタグ付けと同じように、投稿画像内の商品に名称や価格といった詳細タグをつけることが可能です。タップすると外部のＥＣサイトにアクセスし、その商品を購入することもできます。ショップを利用しているアカウントの商品の投稿が表示され、気になる商品を探したり、そこから同じアカウントの別のアイテムを見つけたりできます。

おそらく発見タブと同様、アカウントの閲覧状況に合わせたアルゴリズムによって表示順が決まっています。

気になる商品を保存しておいて後で確認できる「ウィッシュリスト」という機能もあります。

⑰ ストーリーズ

自分がフォローしているアカウントで、24時間以内に投稿したストーリーズがあれば、画面の上部に横並びにアイコンが表示され、タップすれば閲覧することができます。

⑱ **投稿**

画面上の＋マークのアイコンから、写真や動画を投稿できます。写真は10枚まで投稿できます。

⑲ **お知らせ**

フォローしてくれたユーザーや、投稿に「いいね」をしてくれたユーザー、自分がタグ付けされた投稿を確認できます。

⑳ **DM（ダイレクトメッセージ）**

特定の相手やグループと個別にやり取りができる機能のこと。写真や動画を送ったり、チャットやビデオ通話をすることも可能です。

㉑キャプション

投稿の本文のこと。ハッシュタグやメンションを埋め込むことも可能です。

㉒ライブ配信

リアルタイムでフォロワーに動画を配信できる機能です。別アプリや配信機材などは必要なく、スマートフォン1台で手軽に配信できます。配信を開始するとフォロワー全員に通知が届きます。また、動画視聴者から配信者にコメントを送る機能があり、視聴者と配信者間でコミュニケーションを

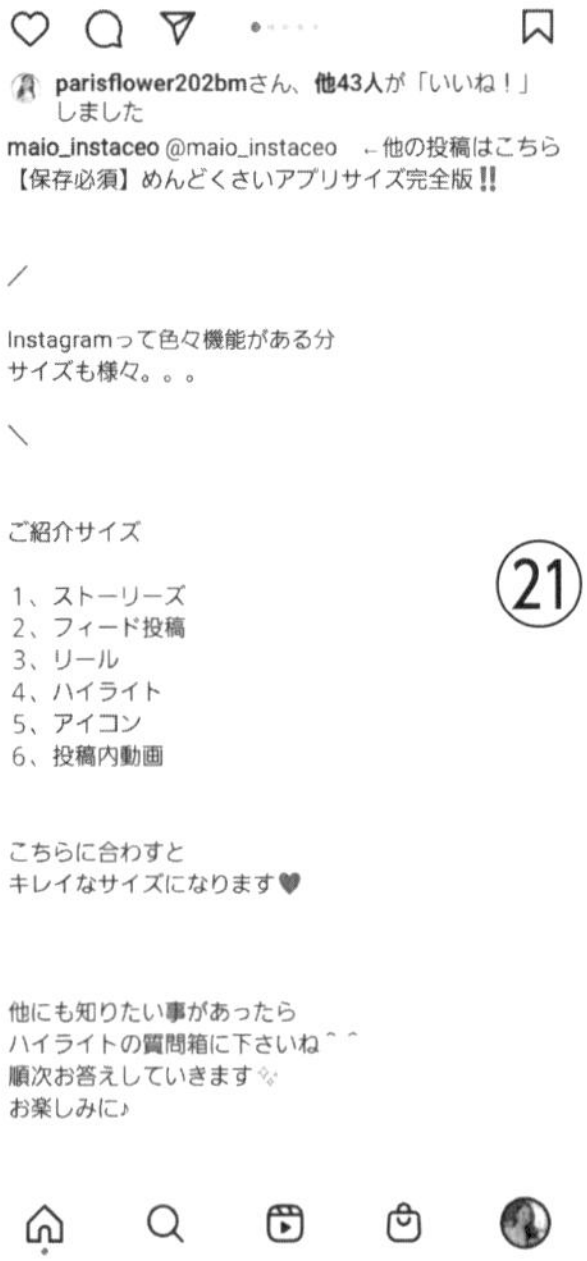

parisflower202bmさん、他43人が「いいね！」しました
maio_instaceo @maio_instaceo ←他の投稿はこちら
【保存必須】めんどくさいアプリサイズ完全版‼
／
Instagramって色々機能がある分
サイズも様々。。。
＼
ご紹介サイズ
1、ストーリーズ
2、フィード投稿
3、リール
4、ハイライト
5、アイコン
6、投稿内動画
こちらに合わすと
キレイなサイズになります
他にも知りたい事があったら
ハイライトの質問箱に下さいね^^
順次お答えしていきます
お楽しみに♪

㉑

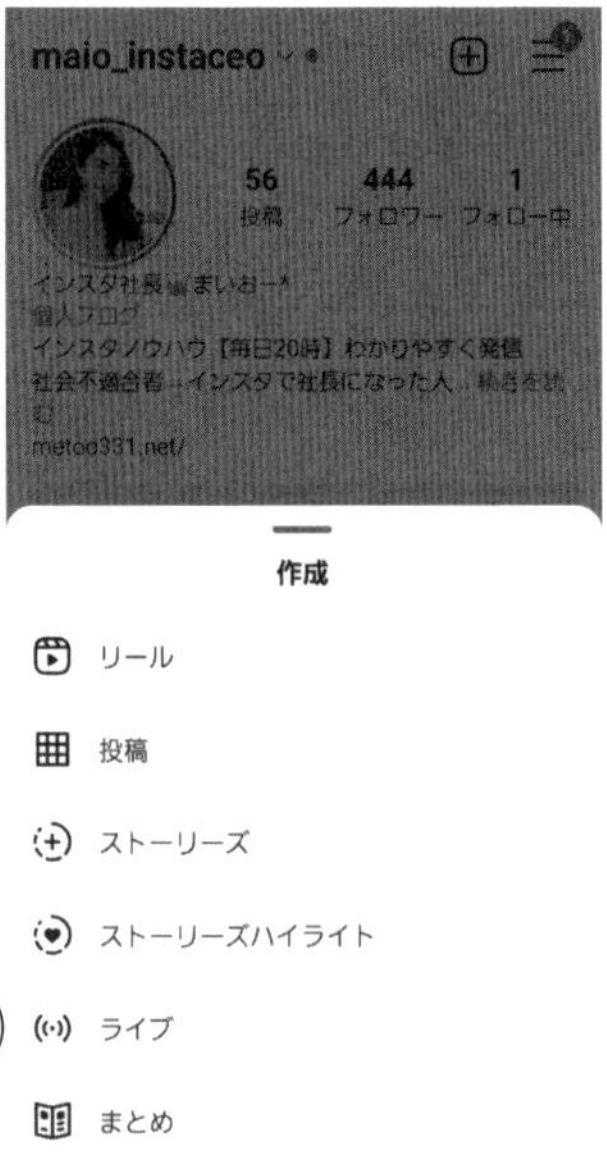

maio_instaceo
56
投稿
444
フォロワー
1
フォロー中
インスタノウハウ【毎日20時】わかりやすく発信
作成
リール
投稿
ストーリーズ
ストーリーズハイライト
ライブ
まとめ

㉒

とりながら配信できるのもポイントです。現在はバッジという投げ銭機能も。

㉓ タグ付け

投稿した写真や動画に、ほかのユーザーを紐づけること。人物や商品のブランドなど、関連するアカウントを示す機能として使われています。タグをタップすると、タグ付けされた人のアカウントに飛べます。

㉔ ハッシュタグ

「#」と特定の文字列で作られた「タグ」のこと。Instagramではこのハッシュタグを検索して、投稿の一覧を見ることができます。

☆売上0から20日で100万円達成したインスタノウハウ
☆インスタで集客するための方法をわかりやすく
☆今すぐ使える新しい情報

を発信しています💕

㉓ いいね・フォロー ありがたいです！
@maio_instaceo

【期間限定】
公式ライン無料登録で
アカウント攻略音声と秘密のシート
プレゼント中🎁

詳細は
@maio_instaceo
プロフィールTopのURLへ♡

____

㉔ #インスタ運用代行 #インスタ初心者 #マーケティング #インスタの使い方 #インスタノウハウ #ビジネスノウハウ

㉕ベルマーク

ユーザーの投稿、ストーリーズ、リール、動画、ライブ動画のお知らせ通知をそれぞれ設定できます。

㉖…

次の機能が一覧になったもの。

制限する／ブロック／報告／※このアカウントについて／この人にストーリーズを表示しない／※フォロワーを削除／プロフィールURLをコピー／このプロフィールをシェアする／QRコードを表示

※状況によって表示される場合とされない場合があります。

・いいね

投稿に好意的な気持ちや共感を伝える機能です。

・コメント

㉕㉖
maio_instaceo
56
投稿
444
フォロワー
1
フォロー中
インスタ社長まいおー*
個人ブログ
インスタノウハウ【毎日20時】わかりやすく発信
社会不適合者→インスタで社長になった人
★
マネタイズ設計まで見据えた運用が得意
コロナで売上０から２０日で１００万円達成
★
高校中退→ニート→ハンドメイド作家→年商８桁社長
１３歳１１歳シングルmama
アカウント設計音声と秘密のシート
↓
metoo331.net/

投稿に自由なコメントを投稿できます。@を使えば他ユーザーをコメント内にタグ付けでき、タグ付けされた人には、お知らせ機能を通じて通知が届きます。

・シェア

自分の投稿やほかの人の投稿を、誰かにDMでシェアしたり、ストーリーズにアップすることができます。

・保存

気に入った投稿を保存し、閲覧できます。保存内容はほかのユーザーには伝わりません。任意のカテゴリを作成して保存することも可能です。

・アーカイブ

指定した投稿を削除せずにほかのユーザーに対して非公開にできる機能。アーカイブするとき、ほかのユーザーに通知が行くことはありません。

・リグラム（Regram）／リポスト（Repost）

ほかの人の投稿を自分のアカウントでシェアすること。

・プロアカウント（ビジネスプロフィール）

アカウントの種類のひとつ。「ビジネス」と「クリエイター」の2種類があり、企業の場合は前者で設定します。このアカウントに切り替えるとさまざまなビジネスツールが使えるようになります。メールアドレス、電話番号、住所が登録でき、アイコンで表示させることも可能です。

・Instagram インサイト

日々の Instagram の分析を行う機能です。

・非公開アカウント（鍵アカウント）

「鍵アカウント」「鍵アカ」とも呼ばれる、フォロワー以外のユーザーが投稿を見られないように設定したアカウントのこと。プロアカウントは、非公開アカウントでは利用できないので、非公開アカウントの設定を解除してから切り替えることになります。

・インスタ映え／インスタジェニック

Instagramでアップすると映える被写体や出来事などを指した言葉。「インスタ映え」は「写真映えする」と「Instagram」が合わさった造語で、「これインスタ映えするね」などと表現します。

・インスタグラマー

Instagramで大きな影響力を持つ人のこと。フォロワー数が1万人以上が目安と言われています。

・インプレッション数

投稿が表示された合計回数や、閲覧者が投稿を目にした回数のこと。

・リーチ

投稿を見たユニークアカウント数。同じ人が2回投稿を見た場合でも、リーチとしては「1」になります。

・エンゲージメント（アクション数）

投稿に「いいね」「コメント」「フォロー」「保存」などのエンゲージメント（アクション）をしたユニークアカウント数のことで、エンゲージメント率が高いと好意度が高いことが分かります。

・プロフィールビュー

プロフィール画面の閲覧数のこと。

さいごに

みなさま、最後まで読んでくださり、本当にありがとうございました。

私は、Instagramに出会ったことで人生が１８０度変わりました。

同じ制服を着ることに違和感を覚え、朝学校に行くことが難しくなり、授業中も教室にいられなくなったことから、14歳のときにドロップアウトしてしまいました。

結果、中学校は2年しか行けず、高校に進学するも2ヶ月で退学。一度も就職できず、結婚しても離婚してしまうという自他ともに認める社会不適合者です。

そんな中、32歳のときに「何か私にしかできないことはないか」と自分探しをした結果、1ヶ月半後にハーバリウムというハンドメイドに出会い、そこからたった45日後にお店を出してしまったことが、私の起業ストーリーの始まりです。

知識もない、経験もない、人脈もない、お金もない。そんな中、お店を守るためにInstagramアカウントでの発信をスタートさせました。それをきっかけに、たくさんのお客様に出会い、仲間に出会い、素晴らしい経営者の方々に出会い、4年前には想像もつかなかった楽しすぎる毎日を送っています。

これは私が特別なわけではなく、誰でも正しくアカウント運用を行うだけで掴み取ることができる未来です。

私が仮説検証を繰り返し行ってきた1年半の研究結果をこちらの本には詰め込ませていただきました。ぜひ、少しでも多くの方にこのチャンスを自分のモノにしてほしいと思います。

最後になりますが、私のムラがあるやりとりに嫌な顔ひとつせず最後まで一緒に格闘してくださった編集の佐井さん、原稿が書けない私の話を聞いて素敵な文章に起こしてくださったライターのくるみちゃん、朝まで一緒に本がたくさんの人に届くように考えてくれた秘書のえりぼーに心から感謝いたします。

そしてInstagramにのめり込むきっかけをくださった中島侑子さん。Instagramを教えることに価値があるのかもしれないと思わせてくださった北原孝彦さん。そして「そんなにInstagramが好きなやつはほかにいない」とまさかの現実に気づかせていただき、本を出すにあたってもたくさんのアドバイスをくださった長倉顕太さん。いつもそばで支えてくれる家族のような存在で大好きなＭｔ．のみんな。私のチャレンジに面白がって加担してくれる１００Ｎｃのみんな。私の投稿や発信をいつも見てくれるフォロワーのみなさん。お店を守ってくれているスタッフのしょうちゃん。本当に本当にありがとうございます。

そして、自由奔放な生き方になんだかんだ理解をしてくれて、面白がってくれる宝物の子どもたちと、変わりすぎた娘を暖かく見守り、日々の生活をサポートしてくれる両親がいなかったらきっと心が折れてしまっていたと思います。この場を借りて感謝を述べたいと思います。ありがとう！

何よりこの本をまさに今、手に取ってくれているあなたに心から感謝いたします。

Instagram は変化が激しいＳＮＳだとよく言われますが、いつの時代も、どれだけアルゴリズムが変わっても、大切にすべき考え方は同じだと思っています。発信を通してたくさんのご縁を紡いでください。そしていつか「こんな風に変わったよ！」「こんなご縁が生まれたよ！」そんな話が聞けたら嬉しいなと思います。

出会ってくださったすべてのみなさん、ありがとう。

あなたが Instagram を使い、最高に楽しい日々を送ってもらえたら幸せです。

では、どこかで会えるのを楽しみにしています。

6つの特設公式LINEにて特別プレゼント

①おすすめPR紹介会社名 5社公開

②アカウント設計の裏話20分音声

③秘密のアカウント設計シート

④優秀！おすすめ自撮りアプリ4選

⑤地図登録方法のPDF

⑥読者限定20分無料コンサル（zoom）

※先着順（状況により終了する場合がございます）

@356cwnck

で検索しても出てきます！

大久保舞（おおくぼ・まい）

インスタ社長。株式会社 Metoo 代表取締役。
1986年、神戸生まれ。13歳の女の子と11歳の男の子を持つシングルマザー。

Instagram の運用メソッドを開発し、大学や大企業に提供するだけでなく、個人向けの講座・セミナー実績も多数。中卒、ニートという絶望的な人生を経て、「会社勤め経験なし」「人脈なし」「経験、知識なし」「お金なし」の“4なし”のまっさらな状態から起業し、神戸の一等地に店舗を構える。
特に、Instagram を認知、告知、集客、売上に繋げて、月商 700 万円を超える。独自の運用メソッドを凝縮した『Instagram 集中講座』では、「人生史上最高額の月商 200 万円売上達成」「オンラインレッスン 120 名以上動員」など多くの受講生が次々と目標を実現し、成功している。

認知《にんち》 集客《しゅうきゃく》 販売《はんばい》 この1冊《さつ》で全《すべ》てがわかる

インスタ大全《たいぜん》

2023年 1月30日 初版第1刷
2023年 2月24日 初版第2刷

著 者／大久保舞《おおくぼまい》
発行人／松崎義行
発 行／みらいパブリッシング
〒166-0003 東京都杉並区高円寺南 4-26-12 福丸ビル 6F
TEL 03-5913-8611 FAX 03-5913-8011
http://miraipub.jp E-mail: info@miraipub.jp
企 画／田中英子
漫 画／ありす智子
執筆協力／天野来美
ブックデザイン／池田麻理子
発 売／星雲社（共同出版社・流通責任出版社）
〒112-0005 東京都文京区水道 1-3-30
TEL 03-3868-3275 FAX 03-3868-6588
印刷・製本／株式会社上野印刷所

ISBN978-4-434-31440-7 C0034